ARMAND SILVESTRE

Récits de Belle humeur

Vœux inutiles

La Feuille de Vigne

Fête galante

Monsieur Thomas

Fleurs d'eau

PARIS
A LA LIBRAIRIE ILLUSTRÉE
8, RUE SAINT-JOSEPH, 8

Imprimerie Noizette et Cie, 8, rue Campagne-1re, Paris.

RÉCITS

DE

BELLE HUMEUR

ÉMILE COLIN — IMPRIMERIE DE LAGNY

ARMAND SILVESTRE

Récits de BELLE HUMEUR

PARIS
A LA LIBRAIRIE ILLUSTRÉE
8, RUE SAINT-JOSEPH, 8

VŒUX INUTILES

VOEUX INUTILES

A Charles Toché.

Je ne vous fais pas l'outrage, mes seigneurs, de vous demander si vous avez lu ce chef-d'œuvre de gaieté et de fantaisie qu'est le livre de notre ami Courteline : *Le train de 8 h. 47*, lequel contient, en soi seul, un tel trésor de joyeuseté et de bon rire que tous les mélancoliques du monde en pourraient être réjouis, et tel que je donnerais, pour lui, tous les romans psychologiques du monde. Or donc, vous connaissez, comme moi, ce délicieux La Guillaumette et le précieux Croquebol, grands comme Don Quichotte et Sancho Pança, et aussi ce merveilleux capitaine qui souhaite toujours d'être changé en sucrier, ou en four à chaux, ou en bassinoire s'il n'accomplit la chose la plus simple du monde, prenant, sans cesse, les dieux d'Ovide à témoin de ses moindres actions, âme crédule aux miracles et aux métamorphoses dont les parjures sont punis, comme l'ont constaté tous les observateurs sérieux.

Est-ce en lisant ce bouquin exquis que mon camarade Laridelle a pris une habitude analogue, ou par simple parenté d'imagination avec le personnage de Courteline? je ne le saurais dire. Je croirais plutôt à un plagiat admiratif par le soin pris de changer, en apparence, la formule. Laridelle ne souhaite pas un changement complet de sa personne en quelque autre objet saugrenu, mais simplement celui d'un détail de sa toilette. Il s'écrie : « Que je sois chaussé d'un baba... » ou : « que je sois calotté d'un pot de confitures... » ou encore : « que je sois cravaté d'une paire de ciseaux... si, etc., si je ne fais pas ceci ou cela! » C'est un petit exercice d'imagination aboutissant quelquefois à une drôlerie, le plus souvent d'une prétention cocasse et sans grande saveur.

Au reste, mon camarade Laridelle n'est pas un aigle. Son aire modeste est une Compagnie d'assurances, dans laquelle il est chef de bureau. Consciencieux, mais célibataire, il fait volontiers la fête, une fois son bureau fermé. Oh! une fête bien modeste! Il dîne bien, étant un peu gourmand, et se promène volontiers ensuite avec quelque dame de demi-vertu n'aimant pas la solitude.

C'est ainsi qu'hier il avait proposé à noble et honneste damoiselle, comme l'entendait Brantôme, Aurélie de Saint-Cucufa — sur les registres inexorables de l'état civil Honorine Mouchette — de la conduire à la fête de Neuilly, seul rendez-vous élégant de la bonne société après le Grand Prix. Je vous ai fait grâce du portrait de Laridelle — ceux des bureaucrates sont rarement intéressants et ce n'est pas au front qu'ils portent les rides donnant un caractère à un visage — mais je vous dois celui de mademoiselle Aurélie et j'emprunterai tout simplement, pour cela, à Rubens, ses pinceaux. C'est, en effet, une plantureuse personne, de complexion savoureuse et capitonnée, avec des pétales de rose écrasés sur les joues dans des blancheurs de lait; très blonde et de ce blond duveté dont les chairs sont veloutées imperceptiblement à la lumière, ce pollen vivant s'accentuant au-dessus des lèvres un peu épaisses et de pourpre souriante, traversée par le frisson nacré des dents. Deux grains de beauté plantés comme deux mignonnes gerbes d'or, dans cette figure de pouponne amoureuse; des yeux bleus comme ceux des moutons dont elle a le nez légèrement arqué, mais bien autrement constellés dans leur apparence éclatante. Mes habitudes de modestie me rendront discret sur le reste de ses charmes, opulents et dodus, impertinents de santé et de maturité triomphante. Car cette belle personne, prodigieusement soignée, paraissant, Dieu merci ! son âge — car les âges de la femme ont longtemps leur beauté et n'ont pas besoin de feindre — n'est pas précisément un enfant. C'est une trentenaire bien près de finir son bail, majestueuse déjà, au moins autant que charmante. C'est, en un mot, la femme telle que l'adorent volontiers — ou que l'adoraient de mon temps — les hommes de la vingtième année que ce type olympien de la beauté, plus que parfaite, induit en désirs fort excusables et en rêves voluptueux très justifiés. Comme mademoiselle Aurélie n'a rien à faire avec saint Michel, le dompteur de dragons, vous pensez qu'elle a, à ses trousses, une jolie troupe de soupirants de cet âge aimable et printanier, tout justement viril, et que mon camarade Laridelle — comme tous mes camarades, hélas ! — a dépassé depuis belle lurette, l'ayant même doublé depuis un notable long temps.

En cette promenade d'hier, ils ne furent donc pas plutôt descendus de voiture à la Porte Maillot, pour suivre à pied, en badauds consciencieux, l'avenue foraine que bordent les tentes d'impresarii et de marchands en plein vent, que, sous l'éblouissement de la beauté d'Aurélie, trois bons godelureaux, l'aya[illegible] sans doute déjà rencontrée et admirée aille[illegible]s, commencèrent d'emboiter le pas au nouveau couple et de se bousculer, dans son sillage, en se jetant des regards de travers. Car ils avaient immédiatement flairé, les uns chez les autres, leur intention commune et déshonnête d'attirer l'attention de la belle promeneuse languissante au bras de l'homme mûr. C'étaient les nommés Legoguet, Mouillevent et Tapinois, exerçant des professions diverses, mais surtout celle de faire la cour aux dames bien capitonnées et mal gardées, en apparence du moins. Dans la foule légèrement houleuse, ils gagnaient et perdaient, tour à tour, les places laborieusement conquises, mais sans jamais abandonner leur séduisante proie. Lui, Laridelle, ne s'en apercevait pas, bien entendu, mais Aurélie, qui ne détestait pas la jeunesse, en était charmée *in petto* dans son petit *petto*, qui faisait craquer son corsage. Et Laridelle y allait de son propos accoutumé. Il avait déjà accepté d'être « ganté d'un homard » s'il ne gagnait pas un lapin en jetant dix sous dans dix bonnets de coton, sans en manquer un; « botté d'une andouille », s'il ne conquérait pas une rose en papier à la carabine; « pantalonné d'un rhododendron », s'il ne proposait à M. Pezon d'entrer dans ses cages. Ayant arrosé le repas commun d'un bon bourgogne, il était présomptueux, belliqueux et pétulant comme un diable.

Et, précédant ainsi cette escorte volontaire de trois jeunes larrons d'honneur facile en embuscade, ils suivaient la longue et bruyante allée où éternuaient les cymbales, s'époumonaient les trombones et claquaient, comme des drapeaux, les mensonges des parades. La morale publique est une belle chose, vraiment. On a chassé de ces solennités foraines les dames colosses, pour ce que les militaires leur pinçaient les mollets, et des fillettes de dix ans, en sœurs Barison, exécutent sur les tréteaux — non pas dans des tentes — en plein vent, des danses anglaises qui sont le triomphe de l'indécence hypocrite et de la cochonnerie méthodique. Les pauvres mignonnes, le minois chiffonné dans des sortes d'abat-jour, lèvent, toutes en même temps et parallèlement, des jambes qui ressemblent à des cure-dents roses. Ah! pauvres géantes aux mollets de coton, comme vous étiez plus innocentes que cela!

Donc, mon camarade Laridelle et Aurélie étaient arrivés, toujours avec Legoguet, Mouillevent et Tapinois pour cortège, devant un de ces admirables manèges, généralement allemands, dont les coursiers de bois, si peu pareils aux chevaux parthénoniens, avec leur crinière en balai de ma jeunesse, évoluent dans un ruissellement de lumière et aux sons d'un orchestre comme le théâtre des Menus-Plaisirs n'en a pas un. Tout à côté, dans un renfoncement donnant sur le trottoir, M. Mirabelli, pâtissier en plein air, confectionnait, à l'enseigne du *Mardi-Gras éternel*, des farinades qu'il faisait sauter dans la poêle avec une maestria tout italienne et qui mêlaient, aux aromes déjà douteux de l'atmosphère ambiante, une odeur certaine de graisse rance et surchauffée.

— Je veux être gileté d'une pertuisane, s'écria Laridelle, si nous n'enfourchons ces chevaux de bois magnifiques!

Aurélie, qui adorait ces équitations sans périls, et lui s'élancèrent à l'assaut de deux bucéphales voisins. Or, les chevaux étaient sur trois rangs, si bien que Laridelle ayant pris celui du dehors et Aurélie celui du milieu, Tapinois, qui avait bien suivi leurs moindres mouvements, put bondir sur le troisième, celui qui faisait, dans le même temps que les autres, le moins de chemin, et se trouver ainsi, tout à côté, pour quelques minutes au moins, de la belle dame plus que trentenaire et dodue. Et la lourde machine ne se fut pas plutôt ébranlée dans un déchirement des oreilles, son orchestre ayant recommencé de mugir, que ledit Tapinois commença d'être aussi peu convenable que possible, non seulement dans ses propos, mais dans ses entreprises manuelles, timides encore cependant. Laridelle, qui chantait à tue-tête, dans le bruit, ne voyait toujours rien. Mais Mouillevent et Legoguet, furieux du succès de Tapinois que constatait le sourire enchanté d'Aurélie, énervés et s'accusant mutuellement de s'être desservis déloyalement, se prirent de querelle et en vinrent rapidement aux taloches. Dans ce combat, autour de la poêle de M. Mirabelli, un coup de pied que Legoguet destinait au derrière de Mouillevent s'en vint droit au locataire des chausses du pâtissier, et si violent que la large hostie de pâte à demi dorée que celui-ci était en train de faire sauter, s'envola à une prodigieuse hauteur.

Juste en ce moment, mon camarade Laridelle qui s'apercevait enfin de la conduite indigne de Tapinois et de la condescendance coupable d'Aurélie, entrant lui-même dans une abominable colère et levant une main menaçante sur sa compagne :

— Je veux être coiffé d'une crêpe, s'écria-t-il, si...

Il n'eut pas le temps d'achever. Celle que M. Mirabelli venait d'envoyer aux nues lui retombait lourdement sur le crâne et lui enveloppait le front jusqu'aux yeux. Aveuglé et brûlé affreusement, il secouait ses bras désespérés dans l'espace, toujours emporté, aux sons exaspérés de l'orchestre, par son docile coursier.

Très gentiment Aurélie, après avoir donné tout bas quelque espérance à Tapinois, aida Laridolle à se débarrasser de ce casque fumant. Alors le maroufle voulut reprendre la querelle interrompue, mais elle l'arrêta d'un mot :

— Vous vouliez être coiffé d'une crêpe. Vous l'avez été. Fichez-nous la paix et ne tentez plus les dieux !

FEU D'ARTIFICE

FEU D'ARTIFICE

« Sur la rive d'or que la mer Syracusaine frangeait d'azur à l'infini, sinueuse et, tour à tour, se creusant en golfes d'un bleu plus sombre, ou s'effilant en promontoires où venait se briser l'écume argentée du flot, dans ce beau paysage méditerranéen qu'emplissaient encore les pipeaux harmonieux du divin Théocrite, au temps où les tranquilles amours des pasteurs s'effarouchaient à peine aux gémissements du cyclope épris de la cruelle Galatée, seules les tendresses du berger Ménalque et de la douce Thestylis étaient troublées par la colère de parents méchants qui ne les voulaient jamais souffrir ensemble, si bien qu'il leur fallait se cacher sans cesse, même pour les caresses les plus innocentes : et, par les belles nuits lumineuses où la grève devenait, aux clartés de Phébé, comme le pétale onduleux d'un lis immense, le moutonnement imperceptible des vagues n'étant plus qu'un scintillement de pierreries, Thestylis ayant fui la cabane paternelle, ses beaux cheveux noirs déployés sur ses épaules, pieds nus, tantôt dans quelque anse abritée d'un coin de rocher, tantôt sous un bois de pins odorants qui descendait jusqu'à la mer, tantôt derrière les varechs amoncelés qui se dressaient en meules inégales, allait attendre Ménalque, toujours par des chemins différents, que leur habitude ne fût surprise, leur ombre au clair de lune leur montrant, à chacun, la route. Puis, s'étant enfin rejoints dans quelque solitude murmurante et délicieuse, embaumée de tamarins, ils goûtaient, trop rapide, la joie si bien gagnée, échangeant des aveux qui chantaient comme des baisers, et des baisers qui valaient mieux que des aveux ; et, quelquefois, tous les deux descendant dans le flot caressant qui ne les enveloppait pas plus haut que les épaules, ils y jouaient comme des enfants, ou comme de jeunes tritons lutinant déjà les sirènes. Mais, quand la nuit était obscure, au temps où la lune est absente des cieux, ce leur était un grand mal, à tous les deux, pour se rejoindre et se suivre dans leur retraite jamais prévue, puisqu'ils n'en pouvaient, par avance, convenir. C'est alors que Thestylis eut la fort ingénieuse idée de poser, ces nuits-là, un ver luisant dans ses longs cheveux, et c'était à la lumière vivante et phosphorée de la bestiole, et vaguement bleue comme le front de Sirius, que Ménalque suivait, au loin, sa bien-aimée... »

En arrivant à cette ligne d'une idylle renouvelée de l'antique par un facétieux helléniste allemand qu'un plus facétieux commentateur français avait traduite, la jolie petite baronne Elmire de Saint-Cucufa faillit laisser tomber son livre, pour se frapper plus à l'aise le front, son pur front lilial, où germait une idée menaçante au repos de son époux. Moins innocente, en sa tendresse cachée, que la bergère Thestylis, elle ne s'en trouvait pas moins embarrassée dans une aventure pareille. Depuis trois semaines que le capitaine Montflanquin était venu au château, pour y passer une journée qui durait encore, elle avait pu, presque tous les soirs, accorder quelques instants de causerie sans témoins à cet officier chez qui la notion du temps des visites était si imparfaite. Comme le baron, naturellement jaloux, épiait leurs moindres paroles, on ne se donnait pas de rendez-vous précis ; mais quand il était jugé suffisamment endormi, Elmire descendait doucement sur le perron, le capitaine épiait le chemin qu'elle prenait à travers le parc et s'y engageait lui-même, guidé par l'ombre charmante qui semblait à peine effleurer le sable et se fondait, par instants, dans le frémissement des frondaisons. Ainsi se retrouvaient-ils sur quelque banc auprès de quelque statue, sous un bosquet dont les volubilis s'étaient fermés, mais où les chèvrefeuilles respiraient encore. Et ce qu'ils se disaient était, sans doute, d'une parfaite et fervente exquisité. Et cela avait été de mieux en mieux, la lune ayant passé par ses phases les plus éclatantes, faisant les belles nuits d'été que nous traversons claires comme les jours, mais d'un jour plus mystérieux encore et mieux propice aux fantaisies.

Mais, pour peu que vous accordiez un regard à votre calendrier, ne fût-ce que pour chercher quelque fête à ne pas souhaiter, vous avez remarqué, comme moi, que la nouvelle lune a eu lieu vendredi dernier, 10 courant, si bien que nous sommes encore dans la période firmamentaire où il se faut contenter

De l'obscure clarté qui tombe des étoiles,

pour se diriger, entre neuf heures du soir et trois heures du matin. Or, ce simple incident vaguement météorologique a suffi pour troubler considérablement les opérations nocturnes du militaire et de la jolie petite baronne, pas plus haute qu'un très grand épi de blé, mais de complexion plastique délicieuse. Deux jours — ou plutôt deux nuits de suite — le capitaine a perdu sa trace et ils ont arpenté le parc silencieux sans se retrouver. Donc, avant-hier lundi, en lisant le passage de la fausse idylle cité plus haut, la baronne avait poussé un cri de joie, *in petto*, dans son *petto* mignon et rondelet par deux fois, en apprenant comment la bergère Thestylis avait vaincu la même difficulté. Malheureusement, nos lucioles, à nous, n'ont pas l'éclat ni la taille des lucioles syracusaines, lesquelles sont de véritables lanternes en vie. L'essai qu'elle fit le soir même fut absolument désastreux. Le ver luisant malappris qu'elle avait cueilli dans la bordure d'une allée ne fut pas plutôt dans sa chevelure qu'il s'y éteignit, ayant mie à faire en respirant leur enivrant parfum qu'à tenir la chandelle. C'était, sans doute, un ver luisant né dans le parterre de Bérenger. Il fallait donc trouver mieux dans la même voie. Elle pensa qu'un tout petit feu de Bengale, posé sur une large feuille qu'on renouvellerait à mesure qu'il s'éteindrait, remplacerait avantageusement l'insecte récalcitrant. Or donc, dans une promenade en voiture qu'elle fit seule, hier, dans le village, sournoisement en acheta-t-elle quelques-uns, pendant que le baron, se promenant dans le parc, au bras du capitaine, expliquait à celui-ci que la restauration de nos bons rois est une affaire de moins de six mois.

Car le gentilhomme, qui n'est pas, au fond, plus sot qu'un autre, est réactionnaire comme pas un et s'occupe sans relâche et sans quitter beaucoup pour cela son cabinet de travail, de nous rendre aux douceurs de la monarchie, non pas même constitutionnelle, mais de droit divin. Il trouve, avec quelque raison, que le parlementarisme est arrivé aux limites de l'impuissance, de l'intrigue et du dégoût, et en conclut, un peu légèrement peut-être, que nous en serons débarrassés bientôt. Et plus imprudemment encore, il sonne le glas de la République qu'il confond, à tort, dans la même horreur. Inutile de vous dire que cette date d'hier, 14 Juillet, est tout à fait malsonnante à son oreille et que, si quelqu'un, dans le château, se permettait d'allumer, à son occasion, le moindre lampion, il en serait châtié avec moins d'égards qu'on n'en aurait pour un rien du tout. Pas mauvais homme, au fond, ce bellâtre ancien qui a épousé une trop jeune femme, assez aimé de ses gens, sauf du jardinier Dominique, qu'il soupçonne de radicalisme et qu'il ne rencontre jamais sans lui dire du mal de Robespierre pour l'embêter.

Or, il y avait plusieurs jours, déjà, que Dominique, résolu à quitter cette gentilhommerie hostile à ses propres aspirations — il veut se présenter au conseil municipal de Saint-Cucufa — ruminait un coup d'éclat pour sa sortie. Il avait fait venir, non pas du village, mais de la ville, tout un feu d'artifice, au grand complet, pour le 14 Juillet qui était hier, et son intention était de l'allumer sur le coup de onze heures du soir, en plein parc de son maître. Pig ! Pig ! Poum ! fûûû... ! Vous voyez d'ici la tête de M. le baron. Tout le village avait été prévenu par lettres anonymes. On arrivait, de tous côtés, en mêlant ces deux cris dans une même exclamation sincèrement enthousiaste : « Vive la République ! Vive M. le baron ! » C'était l'apostasie politique des Cucufas ! C'était le déshonneur de la race ! Demain le baron serait chassé du comité royaliste de la région et les ducs lui refuseraient la main. Quelle vengeance ! Ah ! le bon Robespierre serait vengé, du coup, des railleries de M. le baron.

Et voilà comment, hier soir, à dix heures, — j'ai le temps à peine de vous envoyer par télégramme cette chronique pour qu'elle paraisse aujourd'hui — il se passa, au château de Saint-Cucufa, la plus singulière chose du monde. Le baron, pour bien marquer son mépris à la fête républicaine, avait proposé qu'on se couchât de meilleure heure encore que de coutume, et surtout qu'on éteignît toutes les lumières, afin d'éviter tout soupçon d'illumination. Le capitaine et la baronne, dont cette heureuse idée avançait les affaires, y avaient applaudi. Donc, à dix heures, dix heures cinq, pour être tout à fait précis, le capitaine guettait à la fenêtre, prêt à descendre et à suivre le petit feu de Bengale muet et indicateur. En même temps Dominique, tout empêtré de son feu d'artifice, traversait la pelouse pour l'aller planter au milieu. C'est un grand diable de six pieds, et très haut sur jambes. Comment, en gesticulant, pour ne laisser rien tomber, fit-il prendre une allumette dans sa poche de derrière, laquelle mit immédiatement le feu à un soleil qu'il y portait également? Je ne sais. Mais la pièce s'enflamma en tournant et en lui brûlant terriblement l'arrière-train. Le malheureux lâcha tout, et, comme un fou, courut dans la direction de l'étang pour s'y plonger. Le capitaine, qui avait pris cette petite flamme faite d'étincelles pour le signal et qui avait bondi du perron, était déjà sur ses talons, courant, aussi vite que lui, après la fausse baronne qu'était ce vrai jardinier. Plouf! plouf! ils plongèrent en même temps, le capitaine ayant cru que la baronne tombait dans l'eau par méprise et se jetant à son secours. Dominique et lui se retrouvèrent, ahuris, dans l'eau et dans les bras l'un de l'autre. Et, pendant ce temps-là, la jolie petite baronne Elmire, un joli feu de Bengale bleu dans les cheveux, descendait, avec une majesté douce, sous une allée de tilleuls en fleurs, telle l'étoile indifférente, au front lumineux, impassible et qui nous regarde souffrir.

COSMOPOLIS

COSMOPOLIS

Sicelides Musæ, paulo majora canamus.

Muses syracusaines, invisibles abeilles de l'Hybla, dont le miel coulait — tel un fleuve d'or — aux lèvres du divin Théocrite ; Muses syracusaines qu'invoquait le doux Virgile pour chanter, après les trahisons de Galathée, la gloire de Pollion ; vous dont l'âme mélodieuse flotte encore à la bouche de pourpre des gouffres de porphyre, se mêle à l'haleine azurée des derniers volcans éteints, gémit avec le flot d'argent qui se brise aux promontoires que Platon aimait à l'égal de ceux de Sunium ; Muses syracusaines qui parliez, dans les oaristys, des idiomes plus doux que celui d'Homère lui-même et qui dictâtes, à Simèthe, la magicienne, les plus tragiques accents que notre Racine ait entendus. O patronnes d'Agrigente, Muses au vol musical dont l'image est celle des grands cygnes blessés, traînant leur aile qui saigne encore dans les brumes roses du couchant, vous dont la robe, en effleurant les roseaux, les fait chanter comme une lyre, c'est vous que j'implore à mon tour! Ne vous attardez pas à respirer les vagues encens que font monter vers vous les collines béantes, non plus qu'à écouter les hymnes bâtardes des pâtres qui ont oublié l'art des pipeaux; non plus qu'à contempler la mer insensible aux destinées des dieux, la mer au cœur plein de funérailles. Ne cherchez pas, dans le berceau clair des aurores, si quelque poète drapé de blanc se lève, le front couronné par la main en fleurs des idylles, nimbé d'immortalité par le baiser du génie. Détournez-vous des autels brisés et des temples en ruines que festonne, d'une verdure sacrilège, la broderie des mousses et des lichens, où les feuilles les plus larges du pampre semblent des chairs mortes par quelque feu meurtrier. Ecoutez-moi plutôt, filles immortelles, et inspirez-moi. Car elle est épique, en vérité, et digne des modes de langage les plus nobles, l'aventure dont la postérité attend le récit de mes lèvres et que je commencerai par cette lyrique pensée:

Le docteur Dyonisos, Agrigentin de race, mais habitant Marseille, aimait infiniment le melon.

Pas plus cependant que son neveu Polydore, également habitant de la phocéenne cité, n'aimait, en secret, la femme de son voisin Ali-Bajou, Levantin par ses ancêtres et compatriote, par le fait, des deux dénommés plus haut. L'admirable Fatma — ainsi se nommait celle-ci — justifiait d'ailleurs absolument cet enthousiasme adultère. Ses longs yeux noirs semblaient palpiter sous des ailes de papillon, tant les cils en étaient épars et soyeux ; le bronze très pâle de son teint avait comme des clartés lunaires d'argent, et une grenade s'ouvrait sur sa bouche aux petites dents fines et serrées ; son nez droit aux narines vibrantes et faites de transparences roses était d'un hiératisme impertinent. Sa chevelure sombre étendait un manteau de nuit sur ses épaules étroites, et ses hanches s'arrondissaient en amphore, ses hanches au-dessus desquelles son buste se balançait comme une tige de fleur au-dessus d'un vase précieux. Ses mains et ses pieds, couverts d'anneaux et étincelants de gemmes, étaient d'un dessin irréprochable. Ce sont toutes choses que je puis dire, sans manquer à la discrétion professionnelle, puisqu'elle portait toujours, par un caprice amoureux et bien naturel de son mari, l'excellent Ali-Bajou, le costume oriental, ne quittant d'ailleurs que rarement ses appartements pour aller respirer, en voiture et soigneusement voilée, les salins et vivifiants effluves de la mer céruléenne. Le soir, par les belles nuits constellées qui emplissent d'un scintillement d'or la grande urne de la Méditerranée, elle aimait venir rêver sur une terrasse décorée de céramiques précieuses, bordée de divans aux coussins multicolores, une cigarette d'Orient aux doigts, d'où montait, droite dans l'air calme, une petite fumée bleue. Or, cette terrasse était dominée par la fenêtre de la chambre du voisin Polydore — telle la salle de bain de Betsabée par un coin du palais du roi David — et Polydore ne manquait jamais de s'y venir accouder quand approchait l'heure étoilée où Fatma reprenait sa méditation nocturne et sa cigarette de fin tabac de Brousse, le plus aromatique de tous. Coiffé d'un bonnet grec fort haut et richement brodé qu'il trouvait seyant à sa physionomie, il demeurait là en contemplation véhémente, guignant tous les mouvements de l'adorée et lui faisant même des signes, malgré l'avis que lui avait donné plusieurs fois Ali-Bajou, fort jaloux de son naturel, que ce manège lui déplaisait absolument. Mais entre le spectacle de la femme aimée en ses nonchalances délicieuses et la mauvaise humeur d'un gentilhomme levantin, un amoureux fervent n'hésitera jamais. Polydore continuait donc de s'offrir, tous les soirs, et nonobstant la fureur de son voisin, la vue de la belle rêveuse, sensible peut-être à cet indiscret hommage, mais n'y répondant que par un redoublement de coquetterie. A la fin, Ali-Bajou en avait assez et ne se gênait pas pour dire, dans le quartier, que Polydore paierait cher cette inconvenance obstinée.

Or, ce jour-là, le docteur Dyonisos, qui avait été faire sa récolte de vins en Sicile, était rentré à Marseille sur un paquebot comptant si peu les nœuds qu'il filait qu'il arrivait vingt-quatre heures avant celle où il était attendu. Ses domestiques étant à la campagne, le docteur s'en fut demander l'hospitalité à son neveu Polydore, très joyeux de cette aventure, car il espérait hériter seul de cet oncle, posséder, seul, un jour, le clos merveilleux et syracusain dont la vendange avait comme une saveur de flamme, et jamais il ne perdait une occasion d'être aimable à ce parent d'avenir. Donc, aussitôt le docteur installé dans sa propre chambre, laquelle était la meilleure, se rappelant le goût de l'éminent praticien pour le melon, il s'en fut lui-même au marché de la Cannebière acheter le plus beau cucurbitacé, le mieux séparé en quartiers naturels, le plus polyfessier, si j'ose m'exprimer ainsi par un retour étymologique à l'antiquité grecque, qu'oncques marchand marseillais ait concédé à un client de choix. Doré d'un côté, de l'autre délicieusement teinté d'émeraude, répandant un arome enchanteur, il avait toutes les apparences d'un melon impatient d'être détaillé par l'argent clair du couteau. Mais voyez comme les apparences sont menteuses, dans cette espèce comme dans la nôtre, qui n'est pas sans rapport avec elle. A peine le docteur Dyonisos l'eut-il flairé à l'endroit où les jeunes chiens cherchent la tabatière de leur ami, qu'il déclara qu'excellent de qualité en principe, mais manquant encore de quelques heures de maturité, il ne devait être raisonnablement mangé que le lendemain vers midi et quart. Cette décision scientifique navra l'empressé Polydore. Mais, bah! le mal n'était pas sans remède. L'oncle Dyonisos déjeunerait encore le lendemain matin avec lui. Celui-ci demanda à s'occuper lui-même du précieux comestible, les gens de cuisine et d'office n'entendant rien à ces fonctions délicates. Après dîner, il le monta dans sa chambre et l'installa sur sa croisée, au frais et pour y attendre les bienfaisantes caresses de la rosée.

Il faisait une chaleur étouffante à cette fin de journée. Quand le docteur, lassé du voyage et impatient du repos, eut refermé sa fenêtre, laissant en dehors son pensionnaire, à plusieurs reprises les chauves-souris, inquiètes de l'orage déjà dans l'air, vinrent s'y heurter, ce qui réveilla le bonhomme. Cherchant ce qui les pourrait effrayer et maintenir à distance, il imita les paysans qui posent un chapeau sur un mannequin grossier pour en éloigner les moineaux. Il prit le haut bonnet grec de Polydore, que celui-ci avait laissé dans sa chambre, et en coiffa le melon. Après quoi, il retourna dans son lit, ayant clos à nouveau les vitres. Et il s'endormit assez profondément pour n'entendre que vaguement le grondement du tonnerre qui commença bientôt de rouler dans les cieux sillonnés d'éclairs, aucune pluie ne se mêlant encore à l'haleine chaude et lourde du vent. Temps énervant s'il en fut, si bien que, sur sa terrasse, Fatma s'étirait sur les divans, en l'abandon de déshabillés plus suggestifs encore que ses toilettes ordinaires, et qu'Ali-Bajou, prodigieusement agacé, riboulait des yeux d'Othello, et avait des crispations involontaires. Le temps s'était fait très sombre et, tout en fumant de mauvaise humeur, en bas, il se disait que certainement son voisin ne serait pas à la croisée pendant cet ouragan rayé de feu et fouetté d'artillerie. Par curiosité, cependant, il monta, et, à la lueur d'un éclair, il aperçut clairement le grand bonnet grec dressé et voltigeant au-dessus d'un visage qui ne pouvait être que celui de Polydore. Quand je vous disais que l'homme et le melon se ressemblent ! — Ah ! ma foi, une colère épouvantable lui prit le cœur ; il vit rouge positivement, et courant chercher son fusil chargé de cendrée, malgré les supplications de Fatma, folle de peur, il envoya la charge tout entière, à la lueur d'un éclair nouveau, dans la direction de l'apparition. Un bruit de vitres cassées ; un nouvel éclair, plus rien à la croisée. Il avait tué Polydore.

En bon citoyen, il en courut faire la déclaration au commissaire, qui le reçut assez mal, n'aimant pas à être dérangé la nuit. Celui-ci consentit cependant à prendre quelques notes, en attendant l'aurore. Il lui fit même mettre les menottes par précaution et le laissa passer à tabac par ses agents pour occuper le temps jusque-là. Et pendant ce temps-là, l'éminent docteur Dyonisos, ayant sur sa table le melon que le plomb, ayant fait balle, à si courte distance, avait projeté dans la chambre, à travers les carreaux, commençait son fameux mémoire sur les propriétés curieuses de ce cucurbitacé, considéré comme paratonnerre usuel, économique et particulièrement recommandable aux personnes peu aisées.

Et maintenant, Muses syracusaines, regagnez

les doux ombrages du bois sacré. J'ai fini, pour aujourd'hui, de distribuer, à mes contemporains, le miel de la bonne parole que viennent butiner les abeilles de l'Hybla sur vos lèvres en fleurs.

SUPERSTITION

SUPERSTITION

— Eh bien ! ces belles Espagnoles ?

Mon ami Clodomir, qui venait d'accomplir son premier pèlerinage, et longtemps projeté, *tra los montes* — car, nous autres, bons Languedociens, y regardons à deux fois avant de franchir les Pyrénées, en quoi nous avons joliment raison : on mange beaucoup mieux, en effet, à Toulouse qu'à Vittoria — me répondit :

— Tout à fait charmantes, mais bien superstitieuses, vraiment.

Et, comme je sentais qu'il avait à me conter quelque aventure amoureuse où le beau rôle serait pour lui, je le mis immédiatement à l'aise, en lui demandant de confirmer son dire par quelque récit à l'appui.

Je vous invite à croire qu'il ne se fit pas prier.

— J'étais, me dit-il, arrivé à Barcelone la veille de corridas bruyamment annoncées.

La ville était couverte d'affiches pures de tout Chéret. Partout le petit monsieur, en bas blancs, qui promène un mouchoir sous le mufle d'un taureau qui lève impatiemment la queue. Remarque que si le taureau se retournait, ce serait le moment de chanter comme dans *Carmen :*

> Toréador, en garde !
> Mais songe bien, en combattant,
> Qu'un œil noir te regarde !

Mais le taureau, mieux élevé que son bourreau, ne se retourne jamais. C'est un usage, en effet, des toréadors, de ne jamais être blessés par devant. Ils y mettent un amour-propre professionnel. On m'en montra un, un jour, qui n'avait pas moins de quatorze trous à sa culotte originelle, et en était fier comme un paon. En comptant bien, c'était le cas de répéter : *Numero Deus impare gaudet.* Les toreros étaient attendus dans le plus beau café de la ville, où une foule, impatiente de les acclamer par avance, faisait fondre dans des verres d'eau glacée, des mousses de sucre coloré, fleurant celui-ci au citron et celui-là à la vanille. Un ami, très enthousiaste de leurs nobles jeux, m'avait promis de me présenter à eux. Le fameux

Caca Fuentès arriverait à la tête de son quadrille tout à l'heure. Sur le conseil de mon ami, qui m'avait prévenu que ces grands d'Espagne n'estiment que les gens de leur état ou de quelque profession analogue, je m'étais fait faire des cartes de visite à la minute ainsi conçues :

DON PEPE CLODOMIRO

Caballero en plaza aux courses de cochons du Pré-Catelan toulousain.

Et, de fait, si tu t'en souviens bien, dans ma prime jeunesse, j'avais excellé dans ce sport démocratique et je n'avais pas, de la place Lafayette à la statue de Riquet, mon pareil pour saisir, par leur tire-bouchon naturel et m'en faire traîner pendant plusieurs brassées, les porcs grassouillets à la queue frottée d'huile qui pataugeaient dans un étang artificiel, au rire éclatant de belles filles y mirant leurs bruyantes toilettes.

Enfin Caca Fuentès, et son quadrille, firent leur entrée sensationnelle. Ma carte de visite eut un succès prodigieux parmi ces nobles compagnons d'armes. Toutes les mains se tendirent vers moi, en me présentant des cigarettes roulées dans du papier d'emballage. Bientôt les femmes entourèrent les nouveaux venus, exquises à voir dans leurs mantilles et balançant de grands éventails ayant l'air d'ailes nonchalantes ; leurs petites mains semblaient les roses blanches sur lesquelles ces grands papillons étaient posés. Et c'est comme un carquois de flèches que vidaient leurs yeux, de flèches éblouissantes et qui, toutes, touchaient des cœurs. Et les lèvres, très rouges, s'entr'ouvraient sur les dents très blanches, telle brille une lame d'acier déchirant sa gaine de velours. En se penchant vers les héros du combat de demain, les éventails s'infléchissaient à la façon des palmes triomphales. Comme je passais pour un représentant autorisé de la tauromachie toulousaine, laquelle s'attaquait, en cette occasion, à la même race qu'à la charcuterie, j'eus ma part d'œillades et de zéphyrs intentionnellement secoués, sur mon front et sur mon cou, par des mains complaisantes. Et quel parfum de roses, de cassies, flottait autour de tout cela dans l'odeur vivante des chevelures ! J'étais grisé, hanté de rêves paradisiaques et l'âme d'un toréador au repos — j'entends avant ou après la course, et même plutôt après, quand la beauté récompense le courage — se levait, en moi, comme une aube mystérieuse. Je pus remarquer bientôt que j'étais l'objet d'attentions toutes particulières de la part d'une de ces belles créatures, et, morbleu ! je ne l'aurais pas choisie autrement s'il m'avait été donné de conseiller le hasard. Il ne me fallut pas des heures d'observation pour m'apercevoir, d'ailleurs, qu'elle avait un amoureux dans le quadrille, le picador Miguel Fessiero, un gars superbe, ma foi, et dont le pantalon de soie collait à en avoir des luisants, comme une argenterie bien astiquée. Mais, avec le flair que donne l'amour, j'avais aussitôt pressenti qu'il y avait, entre eux, quelque querelle. Les douceurs qu'ils se disaient ressemblaient, par l'accent, à des injures. Je ne comprenais pas bien ce qu'ils se disaient, mais le ton et la pantomime suffisaient. J'arrivais, comme on dit, à pic, pour profiter d'une brouille imminente.

J'attisai habilement la mauvaise humeur du picador en acceptant, avec une joie visible et impatiente, les avances de sa bonne amie. Il était furieux. Il eût été seulement tout bardé de flanelles impénétrables, capitonné d'oreillers comme pour ses exercices meurtriers, parfaitement invulnérable et cuirassé des pieds à la tête, et j'eusse été tout nu avec une baguette de jonc, tandis que lui-même eût été armé de sa formidable lance, qu'il n'eût pas hésité, entraîné par l'habitude des combats bizarres, à me provoquer en champ clos. Je le sentais à l'héroïque colère de son regard et au frémissement en spirale de sa petite queue de cheveux dénoués à la nuque. Le péril de la conquête ne faisait que me tenter davantage. Je consultai mon dictionnaire franco-espagnol et rédigeai, séance tenante, un rendez-vous que je glissai, dans les mains de la belle, sous son éventail. Nous nous retrouverions à la course du lendemain, et, pendant que Miguel serait occupé à vider galamment ses chevaux de leurs tripes, nous partirions en catimini. *Uppa! Mignone! Alerte!* comme il est écrit sur le papier à cigarettes! Une fois de plus, Toulouse aurait vaincu.

Mais quand, le lendemain, nous nous trouvâmes, suivant le programme arrêté par moi et consenti par elle, à côté l'un de l'autre, dans l'immense arène, qu'elle emplissait, à elle seule, de l'éblouissement de sa beauté, un haut peigne d'écaille blonde et d'or piqué, comme le trident de Neptune, dans la mer sombre de ses cheveux, je lus dans son beau regard, si confiant la veille, comme une secrète mélancolie. Comment l'interroger? Le bonheur voulut que je découvrisse, parmi nos voisins, un compatriote qui parlait l'espagnol comme Cervantès. Il nous servit d'interprète. Ah! le cas était grave. Elle m'aimait plus que la veille encore, mais il était visible que Dieu n'était pas avec notre amour. Nos projets étaient condamnés à l'avance par le Destin. Comment en douterait-elle? Rien ne lui réussissait jamais, à elle, qu'elle n'eût touché, dans la journée, l'épaule monstrueuse d'un bossu. Or, depuis le matin, elle n'avait pu, par une évidente fatalité, en trouver un sur son passage pour lui faire cet attouchement innocent ! Il n'y avait pas à passer outre à un si mauvais présage. En vain, j'insistais sur l'enfantillage d'une pareille superstition. Elle ne s'y entêtait que davantage ; nos amours seraient certainement malheureuses et il valait mieux en rester là. J'étais navré, désespéré et plus amoureux que jamais, par le redoublement de tendresse folle qui nous vient des obstacles.

Tout à coup, une rumeur à la fois tragique et hilarante autour de nous. Nous jetons enfin un coup d'œil sur l'arène. Miguel Fessiero venait d'être désarçonné et jeté en l'air par un taureau malappris. L'animal l'ayant reçu, au retour de cette ascension, affectueusement sur ses cornes, une de celles-ci avait relevé, jusqu'au sommet du dos de l'aéronaute, l'épais oreiller dont son noble postérieur était garni, si bien que, quand Miguel atterrit, une gibbosité considérable le déformait et le faisait pareil à un magot effroyablement bossu. A travers les gradins, ma compagne s'élança vers lui et, légère comme un faon, franchit la balustrade. Elle allait certainement lui porter secours, émue de son malheur, et ma cause était perdue... Quelle ne fut pas mon agréable surprise en lui voyant toucher seulement la fausse bosse du misérable qui geignait sur le sable, et remonter bien vite auprès de moi !

— Pardon ! me dit-elle. Le mauvais sort est conjuré.

O la divine créature !

Et Clodomir s'absorba un instant dans la délicieuse mélancolie de son souvenir.

LE FAUX DÉLUGE

LE FAUX DÉLUGE

I

Il n'y avait pas huit jours que le chalet dont elle avait rêvé si longtemps était simplement posé sur la maçonnerie légère, et visible à peine dans l'herbe ; une tempête eût certainement suffi à le balayer par la campagne. Nous n'en avions pas moins pris possession et son désir le plus vif était que nous y passions une nuit ensemble, malgré que le premier malfaiteur venu pût en briser, d'un coup de poing, les vitres qu'aucun volet ne protégeait encore. On n'imagine pas combien le sens particulier du propriétaire est développé chez la femme la plus futile en apparence.

Il avait été bien convenu cependant que ce ne serait qu'un lieu de repos dans nos longues promenades à travers la forêt, une façon de rendez-vous de chasse dans la chasse aux fleurs et aux baisers que nous faisions dans la nature automnale. Il s'agissait maintenant de s'y installer tout à fait pour y voir s'éteindre, dans le sang figé du soleil, la dernière rougeur du couchant et monter, à l'horizon frémissant, les premières vapeurs roses de l'aurore. Cette Parisienne endurcie était devenue effroyablement bucolique. Cette raffinée avait faim de pain noir et soif de vin aigrelet. Dans son beau lit citadin du plus pur Louis XVI, une feuille de rose l'a souvent empêchée de dormir. Elle voulait reposer maintenant sur un mauvais divan provisoire, nos vêtements pour couvertures et sous un toit qu'étoilaient les premiers éclats des planches neuves au soleil. Ce caprice nous était un sujet de continuelles querelles, mon inexorable bon sens se mettant en travers de cette idyllique fantaisie. — Parbleu ! c'est que je ne l'aimais plus comme autrefois. Il me fallait maintenant mes aises pour me trouver heureux auprès d'elle. Il me faudrait bientôt une musique militaire pour me rendre quelque ardeur ! Et mainte autre folie dont je ne riais qu'à moitié ; car j'y voyais une rancune réelle contre mon entêtement.

La journée — une journée radieuse cependant avec de belles ondées de lumière sur les feuillages déjà roux et un grand frémissement d'éphémères dans l'air tiède encore où descendait le soleil — s'était passée dans cette dispute où je n'avais pas cédé un pouce de terrain. Tout à coup les vapeurs violettes qui avaient flotté, depuis le matin, à l'horizon, s'épaissirent, se foncèrent et furent traversées comme de fumées noires. Elles se condensèrent en nuages menaçants qu'un souffle occidental, éveillant un cliquet métallique dans les feuilles déjà à demi sèches, fit monter à la rencontre du soleil déclinant qui en fut vite comme enveloppé. Le parfum des gazons fauchés pour la dernière fois de l'année se fit plus âcre; les hirondelles, comme rabattues par la peur de leur vol céruléen, firent courir, le long des fossés dont l'eau se ridait sous la musique des roseaux subitement ployés, une poursuite de petits accents circonflexes noirs. Les grands arbres mugirent douloureusement et les clochettes des vaches paissant à pleine herbe tout à l'heure s'éloignèrent dans les aboiements des chiens et les cris d'appel des bergers. Une première cinglée d'eau presque chaude et tombant à larges gouttes nous fouetta au visage. Elle ramena sur sa tête — c'est de ma mie que je parle et non pas de la cinglée — le schall léger qu'elle avait pris par précaution et y enfouit, devant son corsage, le bouquet de fleurs sauvages que nous avions été cueillir sur la colline dont le contour n'était plus déjà qu'un humide frémissement.

Nous étions trempés en atteignant le chalet. J'étais plein d'inquiétudes maternelles pour elle. Mais elle se moquait de moi. Si ça pouvait durer! Impossible de rentrer et il faudrait bien coucher là, comme elle le souhaitait depuis la semaine commencée

Le fait est que je me demandais comment nous pourrions regagner la station, assez lointaine, par où nous étions venus et avions coutume de revenir. Légèrement en pente, le terrain était devenu le lit d'un véritable torrent aux eaux d'un blond sale comme des chevelures allemandes, avec des écumes roulant des fétus et des fourmilières. Contre la petite assise de pierre sur laquelle nous étions posés, j'entendais ce flot se briser comme sur un récif et pousser des flaques jusque sous la porte, qui laissait filtrer de minces filets sur le parquet. Et le ciel était gris de tous les côtés, uniformément d'un gris sombre rayé d'eau. Aucune éclaircie, même vague, ne venait du trou des montagnes où se mesure d'ordinaire la durée des averses. La nuit venait, d'ailleurs, et quand les bourrasques cessaient, c'était pour faire place à une pluie bien monotone, égale et drue, tout ensemble, de celles qui tombent vingt-quatre heures sans se lasser.

Tandis que j'étais fort anxieux, elle me regardait avec un air de triomphe, mademoiselle Neptune, radieuse d'avoir déchaîné les éléments.

— Vous l'emportez, madame, nous coucherons ici! lui dis-je avec beaucoup de mauvaise humeur. Mais si vous passez une mauvaise nuit...

— Avec vous, mon cher! impossible.

Sans avoir l'air d'entendre cet ironique compliment, je poursuivis :

— Vous ne vous en prendrez qu'à vous!

Et j'installai un lit de camp pour deux, sur le divan dont les franges étaient déjà mouillées, un lit très dur avec des craquements indiscrets de sommiers neufs. Je m'y étendis le premier, dans la ruelle, comme pour l'essayer et l'affaisser un peu, et, dans l'ombre complète à peu près où nous étions, je ne vis que la toilette de son ombre, une silhouette se détachant à peine sur le crépuscule de la croisée, délaçant des bottines, nouant des cheveux sur la nuque en paquet, laissant tomber des jupes. Et elle ne se plaignait pas, elle qui ne pouvait se coucher d'ordinaire sans passer une bonne demi-heure devant sa psyché et y prendre des poses délicieusement déshabillées.

Comme je continuais à bouder, elle me dit, en s'étendant frileusement auprès de moi :

— Il faut bien avouer que vous êtes la plus sale bête que je connaisse.

Je ne répondis pas et fus grossier jusqu'au bout, avec un remords cependant de cette belle chair que je laissais sans caresses ! La fatigue m'endormit néanmoins d'un sommeil inconstant et lourd à la fois.

II

Et comme nos rêves ne sont jamais que la traduction mystérieuse, faite par notre esprit, d'une réalité matérielle, le bruit monotone de la pluie et le frôlement de l'eau montant encore, continuant à m'emplir l'oreille, cependant que j'avais les yeux fermés, je rêvai très sérieusement que nous étions les victimes d'un nouveau déluge. Avec une intensité d'impression et une force d'illusion inconcevables, je sentis le chalet se détacher de ses assises, s'ébranler comme un vaisseau qu'on met à flot, se balancer doucement sur un flot qui se soulevait, et monter avec cette mer, déchaînée tout le long du globe, soulevée par la colère invisible d'un dieu. Aucun détail de cette ascension nautique vers la mort dans l'infini ne m'échapppait. Je distinguai parfaitement, à l'effleurement gémissant des feuillages brisés, le moment où nous dépassâmes les cimes des grands arbres dont l'ombre avait été si chère à nos tendresses avides de mystère. Encore un peu de cette poussée continue vers le haut et nous atteignions la région des nuages qui se fendaient, pour nous laisser passer, en nous pénétrant d'une poussière humide cent fois plus ténue que les meilleures poudres de riz. Ces imperceptibles diamants faisaient un scintillement de chacun des cheveux de mon amie.

Mais le séjour des nuages ça n'était pas encore le ciel.

Nous le vîmes bien, quand, après l'avoir troué de notre course aérienne, nous entrâmes dans le pays des étoiles qui planent fort au-dessus de ces réservoirs à ondées. Celles-ci ne se dérangèrent en rien quand l'eau qui nous portait monta jusqu'à leurs pieds d'or. L'eau se fit azur transparent autour d'elles et elles y scintillèrent d'un éclat plus vif encore. Seuls quelques boursiers habitant la planète Mercure eurent peur. Mais Vénus, croyant rentrer dans son berceau, illumina le firmament tout entier des perles de son sourire, et deux petites étoiles, sur son ordre, s'allèrent nicher aux yeux de mon amie et y allumèrent des feux dont je n'avais jamais connu la douceur.

Mais le séjour des étoiles ça n'était pas encore le ciel.

Cela nous fut clairement prouvé, quand, continuant à monter encore avec le flot qui nous berçait de plus en plus mollement, nous commençâmes d'entendre une séraphique musique et le nom de Jéhovah répété sur un accompagnement de harpes. Nous entrions, à n'en pas douter, dans le paradis chrétien que le spiritualisme professionnel a placé fort au delà encore de la sphère des matérialités sidérales. Bien que nous fussions en plein dans un monde de purs esprits, l'humidité du déluge que nous apportions avec nous, ressuscitant et revivifiant les quelques parcelles de limon dont la mort n'était pas arrivée à décrotter complètement les âmes des élus, ceux-ci prirent des corps presque fluides, gélatineux à force d'inconsistance, mais dessinant cependant assez leurs formes pour que nous pussions nous faire une idée de leurs célestes occupations. C'estainsi que nous vîmes très distinctement saint Joseph acharné au tir aux pigeons par esprit mesquin de vengeance ; saint Antoine faisant chercher des truffes à saint Labre ; saint Thomas en train de curer le lit du

Pô ; saint Crépin installant les grandes cordonneries de Vidouville ; saint Jules réclamant, devant l'Histoire le surnom de grand Colon qu'il mérite si bien ; saint Galmier emprisonnant du gaz dans des bouteilles, aidé par saint Oculi soufflant dans la même ouverture ; sainte Thérèse lisant *Méphistophéla ;* sainte Beuve époussetant le fauteuil de Jules Lemaître, et le sein des seins, celui de sainte Agnès, que jamais n'ont tripatouillé même les mains audacieuses de Porel, blanc comme la neige, dur comme le marbre, veiné d'azur pâle comme un ciel d'avril, fleuri d'une fraise au sommet.

Mais le paradis des personnes canonisées n'était pas encore le ciel.

III

Sans cela, pourquoi serions-nous montés encore vers un infini plus lointain, vers des zéniths plus inaccessibles encore ? Dans une atmosphère toute chargée de parfums, nous entrons dans un air si délicieux qu'il est lui-même une caresse. Je m'en sens tout le corps enveloppé, tout l'épiderme frémissant, tout l'être pénétré. Et ma bouche buvait je ne sais quel poison voluptueusement mortel, cependant que mes yeux se fermaient vers une lassitude désirée. Nous avions atteint les limites de la vie et des inaccessibles accumulés. Le bruit de l'eau toujours montante s'était tu pour nous laisser entendre une musique d'une immatérielle suavité. Je m'éveillai, brusquement, les lèvres sous les lèvres de mon amie, dans le baiser furieux du pardon, sous l'étreinte des tendresses ressuscitées, dans la fraîcheur embaumée de son corps et l'odeur enivrante de ses cheveux dénoués sous mon propre front.

Cette fois, c'était bien le ciel !

HÉRACLÈS

HERACLÈS

A Théodore Rivière.

Il n'était pas né en Grèce, patrie des dieux et demi-dieux, mais simplement à Saint-Cyprien, faubourg de Toulouse, où ne sont pas morts les noms retentissants de l'antiquité, par la bonne raison que nous descendons tout droit de ceux qui les ont glorieusement portés, et je crois, sincèrement, qu'il faut demander aux mystères de l'atavisme le secret de sa destinée aussi bien que de son nom. Je l'avais connu tout gamin, il y a vingt ans, quand j'allais passer un mois automnal chez l'oncle Aristide, un drôle de sage qui, toutefois, mourut en odeur de sainteté. C'était un robuste enfant aux cheveux noirs et frisés qui aurait pu tyranniser tous les camarades de son âge, tant il était vigoureux, mais qui, bien que batailleur, était au fond très doux. Comme tous les galopins de la région, il s'exerçait, tout petit, à la lutte romaine, enveloppant de ses bras potelés son rival sans le ceinturer, et le couchant ensuite benoîtement sur les deux épaules, applaudi déjà de tous les connaisseurs du pays. On naît avec ça dans le sang. Autrefois, et bien plus âgés, nous ne pouvions nous rencontrer dans la campagne, Daudet, Zacharie Astruc et moi, sans nous prendre aussi aux épaules. Héraclès, toutefois, était destiné à un métier plus sérieux. Son père était forgeron et lui devait laisser sa forge, bien modeste, mais dont la famille vivait. Toujours prêt aux exercices de force, il se complaisait d'ailleurs à cet état, et c'était merveille de le voir couler sur l'enclume quelque barre de fer très lourde à manier, et en tirer, de l'extrémité incandescente, un microcosme d'étincelles. Tout le monde l'aimait dans la petite rue aux maisons basses, aux toits de brique, pleine de chiens puceux, avec de vieilles femmes à croppeton sur les seuils, qui jacassaient comme des pies.

Il grandit ainsi, dans une sérénité laborieuse, jusqu'à ce que, — ses seize ans venus, — il rencontrât Diska, en allant trop souvent flâner sur la place voisine, isolée cependant et comme maudite, où habite cette tribu de gitanos que Toulouse possède encore, et qui, il y a cinquante ans seulement, avait une reine traitant avec la municipalité, un des plus curieux endroits du territoire, une oasis de barbarie dans l'uniforme désert des modernes civilisations. On se croirait dans un pays très lointain, aussitôt entouré de ces créatures étranges, en haillons, au type nettement oriental, avec de grands yeux doux et perfides, couleur de bronze, et mendiant avec des dents très blanches qui mettaient aux chairs un frisson. Il y a toujours là quelques très belles filles, nubiles avant le temps, aux chevelures crêpelées, aux épaules d'un admirable dessin dans leur maigreur juvénile. Telle était, et la plus belle assurément, Diska, qui pouvait bien avoir treize ans et dont la peau, infiniment moins foncée que celle de ses compagnes, avait des matités exquises, argentées, comme celles d'une ombre où passe un clair de lune. Et Héraclès ne l'eut pas vue plutôt qu'il s'en sentit la tête et le cœur tout pleins, au point de n'y pouvoir plus loger autre chose. Et ce fut comme un bouleversement absolu de ses pensées, la seule qui lui demeurât étant de s'enfuir de la maison, aussitôt la nuit venue, et de rôder, malgré la fatigue du jour, autour de la place où dormaient les gitanos, les mères berçant de quelque mauresque chanson les enfants qui piaillaient dans le silence. Ce devint une folie dont il n'était plus maître. Un soir, il osa lui parler, comme elle revenait de la Garonne, avec un seau d'eau très lourd à la main. Il lui demanda de le porter à sa place. Elle accepta en riant et se moqua de lui ensuite quand ils furent arrivés. Ce fut le commencement de coquetteries, inconscientes peut-être chez la gamine, mais qui achevaient de faire insensé le pauvre gars. Il n'avait plus de courage à rien et n'aurait voulu que devant elle travailler, pour lui montrer sa force et son adresse et s'enorgueillir, sous ses yeux, de sa robustesse et de son habileté. Mais Diská ne se risquait pas jusqu'à la rue Peyrolade, en plein faubourg. Elle avait peur des gouailleries dont les gens de sa race étaient accueillis par les petits bourgeois toulousains, stupidement hostiles, comme il convient aux bourgeois de toutes les villes, à cette bohème. Quand il se fut très enhardi, il dit à la fillette de vraies paroles d'amour qu'elle écoutait avec un sourire sournois, en sachant, sur ce point, beaucoup plus que lui, sans doute, mais faisant tout de même semblant de ne pas comprendre pour le faire un peu souffrir. Alors, ses yeux noirs, à elle, jetaient comme de petites flammes d'enfer qui se veloutaient, à peine, dans la longueur des cils, comme un poignard sortant d'une gaine de peluche. Et des éclairs de blancheur passaient sous la pourpre brune de ses lèvres, celles-ci se plissant doucement comme celles des félins qu'on caresse. Il est douteux qu'il en eût rien obtenu, quand le père d'Héraclès s'aperçut de l'aventure. Ah ! ce fut un beau remue-ménage dans la maison, et les marteaux de la forge volèrent aux quatre murs. Une gitane ! Le vieil homme faillit trépasser en se contractant en une malédiction désespérée. Il voulut faire jurer à son fils qu'il ne reverrait la bohémienne. Héraclès, qui était loyal, refusa. Mais le vieux le chassa, et, deux jours après, vous auriez pu voir, faisant la parade devant la baraque de lutteurs dirigée par le célèbre Mange-Matin, en pleines allées Lafayette, le jeune forgeron, en caleçon, les bras nus et proposant les plus audacieux paris à qui « le rivaliserait », comme on dit dans le métier.

Il appartient maintenant à la troupe de M. Rossignol, neveu de Rossignol-Rollin, le grand maître des arènes, aujourd'hui mortes, de la rue Le Peletier, au temps glorieux des Arpin, des Marseille, des Crest, des Rabassou, et il s'est fait, par toute la France foraine, une renommée méritée. Actuellement, il est, bien entendu, à la fête de Neuilly, où ses succès tournent au délire et où les cocottes le viennent voir dans les plus perverses intentions.

Or, hier — soyons infiniment actuel — M. Rossignol reçut, dans la matinée, la visite d'un jeune homme extrêmement élégant qui lui demanda un moment d'entretien secret. Entre gens loyaux, les explications vont vite. Un instant après, M. Rossignol savait que son interlocuteur était le joli vicomte Edgard de la Bidonnière, et que celui-ci avait un intérêt considérable à tomber, le soir même, un lutteur réputé invincible. Histoire sentimentale et touchante au demeurant. Le joli vicomte Edgard de la Bidonnière voulait absolument épouser mademoiselle Estelle Michonnet, d'abord parce qu'il l'aimait, et ensuite parce qu'elle avait beaucoup de bien. Or, mademoiselle Michonnet était une personne essentiellement sportive, admiratrice uniquement des hommes habiles à tous les exercices du corps. Elle s'enthousiasmait pour les vainqueurs à tous les jeux et eût, à elle seule, réglé la comptabilité de prix des anciennes fêtes olympiques. Alors, le vicomte avait conçu ce plan, d'accord d'ailleurs avec son futur beau-père, qui protégeait ses projets matrimoniaux. Comme par hasard, on mènerait mademoiselle Estelle voir les lutteurs à la fête de Neuilly. Comme pris d'une inspiration soudaine, le vicomte se ferait jeter un caleçon, et, pan ! il coucherait à terre, comme un enfant, le plus robuste des athlètes de l'administration. Si mademoiselle Estelle ne lui donnait pas sa main après ça...

— Vous tomberez M. Héraclès, fit M. Rossignol.

Et il ajouta d'un ton indifférent, en jouant avec les breloques de sa chaîne d'or :

— Ce sera trois cents francs, cent francs pour le lutteur et deux cents pour la maison.

Le vicomte tira, sans hésiter, trois billets bleus de sa poche et les deux hommes de cœur se serrèrent affectueusement la main. Quant à Héraclès, qui n'en était pas à ses débuts dans le genre de fraude qu'on appelle, entre lutteurs, le *comtois*, il fut enchanté de l'aubaine et promit, après un simulacre de défense, de se laisser rouler comme une omelette.

Et le programme commença de s'accomplir avec une ponctualité faisant vraiment le plus grand honneur à l'administration de M. Rossignol et au génie du vicomte. D'abord, mademoiselle Michonnet fut charmée d'aller à la fête de Neuilly. Ensuite, elle insista, de même, pour aller voir les lutteurs. L'audace de son fiancé demandant un caleçon ne fut pas non plus pour lui déplaire. Elle vit qu'elle avait affaire à un homme vraiment bien élevé. Enfin quand, dès les premières passes, elle le vit tenir plus qu'honorablement tête au célèbre Héraclès, elle conçut, pour lui, une sympathique estime qu'elle n'avait pas encore ressentie. Il n'y avait pas à dire, le gentilhomme était de force. Héraclès, qui était excellent comédien, préludait à sa propre défaite en lui abandonnant par avance un tas de petits triomphes précurseurs de la définitive victoire. Il feignait de manquer de souffle et demandait une trêve. Les : « Bravo pour l'amateur ! » sonnaient, autour de l'arène, comme un crépitement de mitraille. Et, à la reprise suivante, Héraclès soufflait encore plus fort et râlait, à fort peu près. Deux fois, il avait failli toucher des deux épaules et ne s'était relevé que par une habile et douloureuse galipette. La foule des spectateurs trépignait de joie et jetait des regards insolents à M. Rossignol qui haussait les épaules d'un air navré. Mademoiselle Estelle se sentait ivre d'amour pour le vicomte... Ah ! mon Dieu ! D'un regard oblique, Héraclès a parcouru la foule, tout en continuant de s'époumoner volontairement, et soudain le rythme de sa poitrine s'apaise et une grande pâleur passe sur son front. Cette élégante créature, au second rang, en sa toilette parisienne somptueusement désordonnée, et qu'un essaim de cercleux enveloppe d'hommages, c'est Diska, Diska la gitane, elle aussi échappée de Toulouse et devenue ce que deviennent les belles filles pauvres à Paris. Puisqu'il la reconnaît, elle le reconnaît, sans doute, aussi. Et il continuerait, devant elle, cette honteuse comédie de se laisser vaincre par un godelureau ! Ah ! tous ses anciens rêves de lui montrer sa force, cette rage qu'il avait toujours ressentie qu'elle ne sût pas combien il était vigoureux et adroit, son orgueil de brute exaspérée par l'amour lui revinrent et l'étreignirent à la gorge. Oubliant le marché fait, l'argent touché, il commence de vous pétrir, comme un simple levain, à tordre entre ses bras musculeux comme un vulgaire torchon, à secouer à terre comme une anguille qu'on assomme, à rouler sur le tapis comme un goujon dans la farine le vicomte ahuri, exaspéré, terrifié. L'étendre sur les omoplates du premier coup, allons donc ! C'était trop simple. Il le fit pirouetter préalablement en l'air quatre ou cinq fois, comme font les chats avec les souris, le roula en boule, le disloqua en X, le recoquilla à la crapaudine, le laissa tomber sur le dos et lui écrasa, par trois fois, le nez de son derrière, en se laissant choir lui-même de toute sa hauteur. Et la foule généreuse criait affolée de joie : « Bravo pour le lutteur ! Bravo pour le lutteur ! » Et mademoiselle Estelle disait à son papa : « Quel homme admirable que cet Héraclès !

Papa, c'est lui que je veux épouser. » Quand un hourra définitif salua la victoire finale, le vicomte avait toutes les apparences d'une crêpe tombée dans la cendre et sur laquelle ont pissé les petits chiens. On eût pu l'emporter, en plusieurs fois, dans une grande cuiller. M. Rossignol était enchanté. Outre la belle réclame faite à son lutteur, il savait bien que le vicomte n'oserait pas réclamer son argent.

Héraclès, lui, comme hébété, regardait Diska, et, comme la gitane, sans daigner l'honorer d'un regard, continuait de coqueter avec les cercleux, indifférente à son triomphe, il abaissa lentement la main de son front mouillé jusqu'à ses paupières, et ce qui coula entre ses doigts, ce ne fut plus de la sueur, mais des larmes.

COIN D'IDYLLE

COIN D'IDYLLE

C'était près des flots bleus de la mer Syracusaine que Théocrite a chantée, dans la patrie même des églogues, et au temps où les bergers charmaient, au son léger des pipeaux, le vol de leurs tendresses innocentes, époque et paysage où, sans doute, vous avez rêvé, comme moi, de revivre, en de lointaines métempsycoses quand l'écheveau des siècles recommencera de dévider des fils déjà filés autrefois. Car la pitié du Destin nous doit bien de n'avoir pas uniquement confié toutes les joies passées à notre souvenir et de nous en garder, quelque part, le renouveau. Ah! quelle revanche j'y prendrai des jours stupides que j'aurai subis en un âge où l'immortelle Poésie est proscrite et qui se croit pouvoir passer de dieux ! Aujourd'hui, j'anticipe seulement sur mon rêve.

Donc, au bord de la mer Syracusaine, une nuit de printemps, mais une nuit chaude où passaient déjà des souffles d'été aux tiédeurs parfumées et perverses ; une nuit claire, mais une nuit sans lune, une nuit dont le ciel semblait un dais de lapis retenu très haut par des constellations de clous d'or. Car les étoiles y brillaient clignotantes, inquiètes, avec des lumières douces et tremblantes comme des pleurs. Des frissons circulaient dans l'air qui venaient du mouvement argenté des vagues, cependant très douces, et venant mourir sur le sable en un va-et-vient harmonieux, et la nature tout entière avait de perfides recueillements où les mille bruits de toutes choses, depuis le frissonnement du brin d'herbe sur la colline jusqu'à la plainte sonore du rossignol dans les buissons, ne parlaient que d'amour.

Au loin, des chants passaient où se mêlaient des voix de jeunes hommes et de jeunes filles, marchant en groupes. Car c'était quelque joyeux anniversaire où quelque dieu très charmant était honoré, célébré, dès le matin, par des sacrifices, et dont la musique et la danse avaient prolongé les plaisirs fort avant dans cette belle nuit, si bien que les étoiles étaient déjà devenues d'argent, au firmament plus clair et déjà balayé vaguement par les poussières blanches de l'aube. Mais Ménalque et Thestylis ne s'étaient pas mêlés aux bandes des autres pâtres qui, les mains liées en vivante guirlande, égrenaient des éclats de rire et des refrains sur leur route capricieuse, rejoignant le prochain village, et prêts à s'égrener eux-mêmes, au seuil des maisons silencieuses.

C'est que Thestylis l'avait voulu ainsi, Ménalque n'étant presque encore qu'un enfant, — bien qu'il n'eût qu'un an de moins qu'elle, — mais volontiers les femmes nous devancent ! — qui ne lui savait guère désobéir. Une admirable fille, elle-même, dans l'épanouissement robuste de sa dix-huitième année, casquée, comme Minerve, d'une superbe chevelure noire, très brune avec des yeux glauques, où semblait rêver une goutte d'eau prise aux profondeurs de la mer, celle-ci ayant laissé des perles à la pourpre tentante des lèvres légèrement sensuelles et charnues ; ayant encore, aux contours de son corps, souple comme les vagues, cette nonchalance des grandes fleurs que nulle main encore n'a frôlées, et, dans la grâce voluptueusement innocente des mouvements, je ne sais quoi d'impatient de la vie et des caresses, déjà trop en chair pour une vierge qu'elle était, mais pour une vierge impatiente, inconsciemment, des divines curiosités de l'amour. Je vous laisse à penser si ce retour volontàire, au danger médité, dans la campagne silencieuse, tout près d'un garçon presque de son âge, à travers cette solitude embaumée d'une nuit de printemps qu'on eût dite créée pour les épithalames, lui faisait monter aux lèvres des hymnes à la chaste Diane ou des baisers ! Le frôlement de ses propres cheveux dénoués sur son cou lui mettait des fièvres aux mains, et l'océan tout entier des désirs était enfermé dans ses petites veines et y courait, tumultueux, au point d'en faire éclater l'azur.

Et Ménalque ? C'était, au physique, un jeune garçon d'aspect robuste, mais un peu rondelet encore, ressemblant vaguement à ces jeunes chevaux dont la croupe n'est pas encore dessinée. Rose comme une fille, mais d'un rose où se mêlait encore la candeur obstinée du lys, ses cheveux presque blonds, par belles masses dorées, lui descendaient aux épaules, et il n'avait de prétentions qu'au jeu du disque où il gagnait tous ses camarades, tant il y était adroit. Était-ce un sot ? Parbleu non ! Il avait le temps de le devenir, mais ne l'était pas encore. Ne trouvait-il pas Thestylis à son goût ? Au contraire, et vaguement caressait-il le projet de demander un jour sa main au vieux pasteur Tircis, son père, le plus habile de la contrée à enfermer de savantes musiques dans la prison des pipeaux. Alors, comment ses pensées n'étaient-elles pas à l'unisson de celles de la jeune fille, et supportait-il, sans la moindre envie, les doux serrements qu'elle appuyait sur son bras et la tiédeur attirante des souffles qu'elle exhalait vers lui en mille soupirs ? Comment le même charme voluptueux dont Thestylis était vaincue et haletante ne l'effleurait-il même pas?

Affaire de jeunesse et d'appétit. Durant que sa compagne se consumait en tendresses perdues, Ménalque ne songeait qu'au gâteau de maïs qu'il espérait bien manger au retour, et dont la vision dorée lui mettait déjà des gourmandises infinies aux lèvres.

— Par Bacchus! que j'ai faim! disait-il de temps en temps, répondant bien mal aux muettes questions qui lui étaient posées par le silence fiévreux de Thestylis.

Enfin, celle-ci s'impatienta.

— Je suis fatiguée, dit-elle, et veux m'asseoir un instant.

Lui poussa un imperceptible grondement de dépit et de gloutonnerie déçue. Et tranquillement, pour tuer le temps, le long d'une petite anse où les ruisseaux apportaient un courant d'eau douce, il se mit à cueillir de longs roseaux; puis, du bout de son couteau, il les incisa par places, disposant les trous suivant son sentiment personnel, et il se mit à en tirer des sons aigrelets, agaçants, dont les bergeronnettes, sautillantes sur les pierres luisantes, furent effarouchées, cependant que Thestylis, sur une pierre un peu haute, où les lichens avaient posé un rustique coussin, s'était assise, les jambes pendantes, ses belles jambes de femme déjà faite, aux contours harmonieux et que ponctuaient, en bas, deux chevilles délicates où se nouaient les jolies petites veines bleues dont la blancheur ivoirine des pieds, ourlés de nacre rose aux ongles, était azurée. Ah ! si le vieux et tragique cyclope Polyphème l'eût aperçue ainsi, sans doute eût-il renoncé à la tendresse cruelle dont se jouait l'infidèle Galatée, pour sourire à cette jeunesse souriante et mêler cette printanière fleur aux pampres flétris dont il avait tenté de cacher les rides de son front.

— Ah ! en voilà un qui sonne juste, s'écria triomphalement Ménalque. Mais sapristi, que j'ai faim !

En même temps, le grand chien qui gardait d'ordinaire la maison du vieux Tircis, et qui s'était échappé, inquiet de sa jeune maîtresse, arrivait avec de grands jappements et renversait presque Thestylis sur les épaules, en lui venant buter son large museau noir et luisant aux genoux. Mais Ménalque ne fit aucune attention à la chute de la jeune fille. Aussi, profondément dépitée et intérieurement furieuse, lui prit-elle, une fois redressée sur ses pieds, le bras pour se remettre en route.

On était déjà presque sur le seuil de la maison encore endormie. La mésaventure lui tenait si fort au cœur qu'elle résolut de tenter une dernière séduction et s'assit, cependant que l'aurore, comme une coupe d'or, épanchait à l'horizon les flots d'un vin clair, sur un tas de paille dorée qui se teintait vaguement de rose, broderie légère dont s'ourlait ce rustique lit. Elle eut, à vrai dire, un moment d'espoir. Car Ménalque s'y assit aussi tout à côté d'elle. Elle se pencha vers lui et laissa presque rouler sa tête brûlante sur l'épaule du jeune berger, buvant son haleine avec une avidité pleine de tendresse et l'enveloppant, jusqu'à l'autre épaule, de ses bras arrondis.

— Je n'aurai jamais, lui dit-il, le courage d'aller jusque chez moi sans manger. N'aurais-tu pas, chez toi, quelque bon reste de gâteau de maïs ?

C'en était trop. Furieuse, elle se leva en le bousculant :

— Je vais t'en chercher, fit-elle.

Et elle disparut, refermant doucement la porte derrière elle.

— Pourvu qu'elle en trouve ! pensa Ménalque.

Mais il attendit vainement... l'aurore maintenant élevait en plein ciel son rouge calice au-dessus de la mer scintillante dans un éblouissement de pierreries, et l'âme du jour, délivrée, promenait la joie des réveils à travers toute la nature. Et Thestylis n'était pas revenue.

— Elle se sera endormie, pensa-t-il ; me voilà propre !

Et, s'agenouillant dans l'herbe mouillée, il colla l'oreille aux interstices de l'huis. Un ronflement sonore y parvint.

— J'avais bien deviné, fit-il. Tâchons de la réveiller.

Et il se mit à grâtter délicatement à la porte. Le ronflement cessa, et une voix parla, celle du vieux Tircis :

— Fille, dit-il, le chien qui s'est échappé cette nuit est dehors et gratte à la porte. Donne-lui donc quelque chose à manger.

— Père, lui répondit la jeune fille, ne vous occupez pas de ce méchant chien : il ne sait pas ce qu'il veut !

INVENITIA

5.

INVENITIA

I

J'avais douze ans et mon père était juge, en ce temps-là, juge provincial dans le ressort de Paris. Il me rêvait une carrière pareille à la sienne, calme et dans la magistrature assise. Mais déjà je n'aimais la robe qu'au derrière des demoiselles. Ce fut heureux au demeurant. Car je crois que j'aurais souvent rendu l'injustice, n'ayant jamais pu retenir, de tout le Code où il n'est pas, que ce vers exquis de La Fontaine :

> Et c'est être innocent que d'être malheureux.

Il est malaisé d'intimider les masses et de leur inspirer la terreur de la loi avec l'application de ce seul article. Ah si! Il y a encore une loi que je trouve suffisante à remplacer toutes les autres : la loi Grammont, avec la réserve de l'appliquer aussi aux hommes qui la méritent si bien. Tout mon Justinien tient encore dans ces principes. J'ai décidément bien fait de mal tourner. Ma seule aptitude au métier de juge était dans une facilité de sommeil qui ne m'a pas d'ailleurs abandonné. J'en use ailleurs, voilà tout. J'ai dû renoncer à la critique théâtrale pour cela. Elle rend cependant service aux auteurs dramatiques qui l'exercent. Tel un de mes confrères dont l'unique pièce fut jouée trois fois sur un théâtre du boulevard et qui trouva moyen de constater dans son feuilleton un immense succès. Mais le temps dont je parle remonte infiniment plus haut. C'était peu après celui où Napoléon III, de benoîte mémoire, venait d'étrangler la seconde et la plus naïve de nos Républiques. Cela avait fait quelque bruit en province, bien que le gouvernement eût pris le soin d'envoyer aux eaux tous ceux qui eussent le plus volontiers donné de la voix. M. le sous-préfet vint trouver mon père. Ce jeune sous-préfet, récemment élaboré par le nouvel Empire, était extrêmement zélé et encore plus myope, bon vivant d'ailleurs, très ami de la gaieté et de la dégustation, pourvu d'une jolie femme qui le trompait avec le capitaine de gendarmerie, loquace, familier, sans préjugés, facile à vivre, le modèle n° 23 des sous-préfets qui demandent un despotisme naissant, bonne bête, parbleu ! au fond, et n'étant féroce que par nécessité.

— J'ai reçu directement avis, lui dit-il, que le ministre traverserait notre gare au train de deux heures vingt, et il m'a semblé qu'une manifestation, improvisée en son honneur, ne pourrait faire que grand bien au pays. Tous nos fonctionnaires et notables qui voudraient bien se joindre à moi pour le venir saluer au passage me feraient la plus agréable chose du monde.

Mon père avait, pour la politique, à peu près autant de goût que moi. Pendant ce qu'il vécut de la durée de l Empire, il ne manqua jamais de se purger le 15 août pour s'excuser de ne pas aller au *Te Deum*, en invoquant une subite indisposition. Cela joua même un sale tour à un sous-préfet qui, ayant pris au sérieux la fausse maladie de mon père et l'aimant beaucoup, laissa passer le temps de l'office à lui frotter le ventre, et le manqua lui-même, ce qui faillit le faire destituer. Il répondit donc, avec beaucoup de déférence d'ailleurs, — car le latiniste admirable qu'il était avait le mépris respectueux et bien élevé — au représentant du pouvoir exécutif, qu'il était décidé, pour sa part, à ne pas violer l'incognito dont M. le ministre voulait s'entourer, sans doute, en ce menu voyage, et à lui témoigner son zèle par sa discrétion. Il entoura fort habilement ce refus de considérations philosophiques sur l'ennui des grandeurs et le plaisir qu'on faisait certainement aux puissants en leur laissant oublier quelquefois le fardeau de leur gloire.

M. le sous-préfet n'abonda pas dans ce raisonnement et partit assez mécontent, tandis que mon père lui riait aux talons.

Moi, j'avais tout entendu, en train que j'étais de fabriquer un thème grec dans une pièce voisine, et je me demandais déjà, écolier plus curieux que studieux, quel mensonge je ferais pour aller voir la fameuse cérémonie du passage de ce ministre. Et je ne trouvais pas, étant peu ingénieux de nature, et je me décidais à demander conseil à ma cousine Guillemette, ayant remarqué déjà que les femmes, dans leur plus jeune âge, sont infiniment plus habiles à mentir que nous. Là est d'ailleurs leur véritable supériorité. Savez-vous le motif de leur rancune à l'endroit de la vérité? Simple jalousie inspirée par une personne qui aimait mieux s'habiller d'un puits que de sortir toute nue.

J'en étais là de mes réflexions et de mes projets, quand une visite de mon père les rendit inutiles. Après s'être assuré que je n'avais pas fini mon thème, d'un ton méchant il me dit : « Vous irez, monsieur, s'il vous plaît, à l'arrivée du train de deux heures vingt. » Je croyais rêver. Il ajouta : « Une lettre de votre tante Marcelline m'annonce qu'elle le prendra probablement pour venir passer une quinzaine avec nous. » Hein ! quelle chance ! D'autant que, dans un ordre d'idées différent, j'adorais ma tante Marcelline, une brave personne et dont le fessier effroyablement volumineux emplissait de craquements les bras des fauteuils et mon jeune cerveau de libidineuses imaginations. Je n'avais rien, dans ma famille, de comparable à ce derrière. Il eût fait rêver des cultivateurs de potirons. D'un très noble module avec cela et de contexture maliforme. Car vous avez remarqué certainement que les derrières féminins se peuvent classer en deux grandes catégories : ceux qui imitent la pomme en leurs contours, et ceux qui imitent la poire. Comme l'art grec, je vous engage à préférer les premiers. Si nous consultons la Bible, d'ailleurs, nous y voyons que c'est vers une pomme et non vers une poire qu'Adam, tenté, étendit sa main. Double joie ! j'allais embrasser cette sympathique personne et voir passer M. le ministre par-dessus le marché ! Et quand je pense que maintenant, pour voir passer tout un cabinet, je ne quitterais pas le mien! Comme on change!

II

Non! ce qu'elle était spontanée, cette manifestation sous-préfectorale! Les sergents de ville accrochaient eux-mêmes des drapeaux aux fenêtres des habitants. Jamais l'amour d'un peuple pour un régime (tant il avait un vaste cœur pour aimer jusqu'à un régime!) ne s'était trahi par mille attentions plus soudaines, plus délicates et plus discrètes. Dans les écoles, les enfants piaillaient une cantate; dans les fabriques, des farauds en blouse claire réchauffaient l'enthousiasme des travailleurs. O mystère des affections politiques! Chaste secret des tendresses dynastiques! Que vous êtes bien faits pour charmer les âmes éprises d'idéal et de silence! Ah! je confesserai ma propre rosserie Eh bien! j'avais mis un bouquet de violettes à ma casquette, dans le chimérique espoir d'être remarqué par M. le ministre.

Je revois d'ici les portes de la gare grandes ouvertes, de crainte que l'empressement populaire n'échappât à celui qui en était l'objet. Messieurs les gendarmes, culottés de casimir blanc en bottes jusqu'au bas-ventre, maintenaient sur une ligne les manifestants, cependant que messieurs les fonctionnaires circulaient librement le long du grand trottoir qu'allait frôler le roulement majestueux du train si pompeusement attendu. M. le sous-préfet était tout brodé d'argent et tenait un rouleau inquiétant à la main. M. le maire, sanglé dans un drapeau, tenait un autre rouleau plus inquiétant encore par son volume. La musique des sapeurs-pompiers couaquait par avance et se gargarisait dans ses cuivres. Le capitaine de gendarmerie, un Alsacien superbe, avait aux lèvres une branche de lilas que venait de lui donner la femme du sous-préfet.

Un coup de corne retentit (je dois à la vérité de dire que ce ne fut pas celui-ci qui le donna), signalant l'approche du train ; un « Garde à vosse ! » formidable groupa, suivant une belle ligne géométrique, la mêlée citoyenne et hydraulique. Puis la locomotive apparut majestueuse et roulant de gros yeux rouges comme un monstre en colère ; enfin, suivant la courbe sinueuse des rails, un serpent de wagons glissa, dans la perspective, avec de lentes et imperceptibles ondulations. L'air de la *Reine Hortense* — cette *Marseillaise* du pauvre bonapartiste — monta dans l'air troublé que des hirondelles ponctuaient de leur vol circonflexe.

J'étais ému comme un vrai serin.

Bientôt, vers un wagon de première classe d'où dépassait, à une portière, une masse rose qui me fit l'effet d'un visage souriant, tous les employés de chemin de fer s'élancèrent avec des clameurs incohérentes, mais qui me parurent exprimer parfaitement un enthousiasme improvisé. Derrière eux coururent M. le sous-préfet (ne pas prononcer souffre-pet, comme une vieille dame de mes amies) et M. le maire, avec leurs deux rouleaux, et criant, ceux-là, bien distinctement : « Vive Monsieur le ministre ! » Arrivé le premier au wagon d'honneur, et très myope comme je vous l'ai déjà dit, M. le sous-préfet s'élança vers le visage souriant. Mais les employés, à ma grande surprise, l'empêchèrent de l'embrasser, comme il avait paru en concevoir le projet, en le tirant vivement en arrière. Pendant ce temps-là, M. le maire, qui espérait prendre de l'avance, avait déployé son rouleau et commençait : « Excellence, représentant d'un prince auguste... » Un bruit effroyable, suivi d'un éclat de rire homérique, sortit de cette foule. J'avais pu me glisser sous la barrière que gardaient messieurs les gendarmes, et, sautant moi-même jusqu'à la voiture privilégiée, je me trouvai devant un bien curieux spectacle. La figure qui était devant moi n'était pas un visage, et des cris d'angoisse s'échappaient du compartiment d'où elle émergeait par la croisée, encadrée dans le quadrilatère de bois verni et débordant en festons charnus. C'était... ce ne pouvait être que celui de ma tante Marcelline. Je reconnaissais d'ailleurs parfaitement sa voix : la voix du sang! « Ma tante! m'écriai-je. Du secours! » Quatre hommes vigoureux étaient accourus déjà, avaient enjambé le marchepied, et, d'un effort commun, repoussaient dans l'alignement, puis faisaient rentrer dans la décence et le compartiment l'impertinent qui en était sorti, cependant qu'une dépêche annonçait à M. le sous-préfet ahuri que le ministre ne passerait qu'au train de cinq heures.

Les pompiers renoncèrent à la *Reine Hortense* et se contentèrent de jouer l'air populaire : *Si tu voyais mon chou.* Ma tante Marcelline, retournée, était déjà dans mes bras. Elle me conta, tandis que je l'accompagnais à la maison, que, subitement incommodée en wagon, elle avait eu l'idée mélancolique de se faire hisser, par ses compagnons de route, à la fenêtre pour s'en servir comme d'une lunette, après s'être assise sur le rebord. Comment s'y était-elle engagée? Comment avait-elle dépassé les conditions d'une honnête attente? Toujours est-il qu'elle n'avait pu, même aidée par ses complices, se dégager de cette prison, et que le train étant express, elle avait déjà traversé quatre stations, saluée au passage et les fesses acclamées par tous les partisans du coup d'Etat.

Le soir, je me glissai sournoisement dans la chambre de ma tante Marcelline, dans l'espoir de constater les traces du désastre. Elle passa, devant l'armoire à glace, une tournée d'inspection qui me le permit. Elle avait un cadre rectangulaire tracé en bleu sur l'objet de ma juvénile admiration. Ce portrait de famille ne m'est jamais sorti de la mémoire. Tout à coup elle m'aperçut dans un coin du miroir, et comme elle était fort bonne fille, au lieu de me gronder elle me dit en riant : « Eh bien ! trouves-tu qu'il te ressemble? »

LE SIRE DE MAUCLAIR

LE SIRE DE MAUCLAIR

Une nuit de cette saison, froide avec un ciel tourmenté de nuées et de lourdes vapeurs s'étirant sur de rares flambeaux d'azur aux étoiles pareilles à des pointes de givre ; de grands souffles sonores s'engouffrant dans la vallée pyrénéenne, comme pour y secouer, à leur base, les monts aux cimes impassibles et enneigées, et mêlant leur clameur inutile à la voix profonde des gaves roulant entre les déchirements du roc. Un hameau, au revers d'une colline, à un demi-kilomètre de la route, entre Saverdun et Pamiers, uniquement habité de bergers qui, leurs troupeaux ramenés aux premières pluies, passaient là leurs quartiers d'hiver, en un lieu très pauvre, relativement sauvage, gens primitifs, ignorants des progrès, et tous encore à la légende du passé. Or, durant cette nuit-là, jusqu'à minuit au moins, dans la maisonnette de Jean Pibrac, on veillait en contant des histoires, auprès du feu très clair où flambaient des génevrettes et craquaient, dans la cendre, des marrons, pour ce que Jérôme Pibrac, le fils aîné, en garnison à Toulouse, était revenu, le jour même, avec un congé, ce qui était une grande joie pour toute la famille. Et Marcel Pibrac, l'aïeul à la barbe très blanche, le plus ancien du pays, qui avait vu bien des choses et en avait entendu conter plus encore, assis dans l'unique fauteuil dépenaillé aux pieds inégaux, narrait les plus méchantes actions du sire de Mauclair, le mauvais seigneur dont le nom tintait encore, avec un bruit de terreur, dans toute la contrée, et dont le château en ruines, aux crêtes ébréchées, pendait encore, à quelque distance, au rocher, menaçant aujourd'hui par la vétusté seulement, refuge des chouettes et des orfraies qui alternaient, suivant le rythme des jours et des nuits, autour de ses pierres rongées.

C'est que pendant la guerre des Albigeois, laquelle laissa là de profondes traces, non pas seulement dans la mémoire des vieux, mais sur les murailles même encore trouées par endroits, ce sire de Mauclair, que Simon de Montfort tenait en particulière estime, avait été particulièrement monstrueux de fantaisies cruelles et de despotiques inventions. Il avait été de ceux pour qui la querelle des dogmes avait été l'absolution de toutes les infamies, l'occasion de tous les déchaînements. Sur toute la campagne avoisinante il s'était rué, avec ses hommes d'armes, rançonnant les paysans, brûlant les maisons des récalcitrants, violant les filles, traitant en hérétiques tous ceux qui ne lui donnaient tout leur bien. En ces effroyables chevauchées, le fer ou la torche toujours en mains, il avait si bien gravé sa redoutable image dans l'effroi de tous les regards, que tout le monde, encore aujourd'hui, sait qu'il portait une courte plume noire à son casque, qu'une large balafre lui avait labouré le front, que sa barbe hirsute était fauve, et que, sur son armure, les armes de sa maison étaient ciselées au-dessous de la mamelle gauche. Les petits enfants la dessinent encore grossièrement sur les murs, comme celle de Croquemitaine.

Et le vieux Marcel Pibrac, excellent conteur comme on l'est volontiers en Ariège, ne tarissait pas sur les infamies de ce tyran d'autrefois, religieusement écouté des siens, qui en gardaient les marrons à demi décortiqués entre leurs doigts immobiles, cependant que le feu mettait de rouges et fantastiques flambées sur tous les visages, et que le

6

vent continuait à souffler, au dehors, en rafales lourdes de pluies qui éveillaient un crépitement aux volets mal clos et les secouaient sur leurs gonds rouillés. Et, vraiment, le décor, aussi bien que cette musique extérieure, étaient pour préparer à la pointe de merveilleux que l'imagination populaire ne manque jamais de mêler à ses légendes et qui ne pouvait faire défaut à celle-ci.

Ayant épuisé, en effet, la série des crimes du sire de Mauclair, montré, dans la maison même, les traces maudites de son passage, fait vibrer la terreur, autour de lui, sans sortir du domaine des réalités, le conteur en était venu à la partie surnaturelle de cette longue aventure. Il y avait des siècles que Mauclair était mort, et cependant il était apparu plusieurs fois depuis, très clairement reconnu par ceux à qui avaient été décrits ses traits et son costume, avec sa barbe d'or sombre, sa cicatrice au visage, son blason sur la cuirasse, sa plume frémissante à sa coiffure de fer. C'était généralement par des temps épouvantables comme celui-ci que son spectre s'était plu à venir promener sur le théâtre de ses anciens forfaits des rappels d'épouvante. Là, Marcel Pibrac, étant petit berger encore, l'avait nettement vu, un jour, se dresser, pendant une tempête, entre deux saules, au bord d'un gave, si bien que les grandes lanières d'argent des arbres mettaient autour de lui des enlacements de serpents. Mais c'était bien rarement que ces apparitions avaient eu lieu en pleine campagne. Le plus souvent, c'était à la porte des maisons, pendant de grandes rafales qui les ouvraient brusquement, qu'on l'avait aperçu subitement debout, dans sa légendaire tenue, et poussant des ricanements qui plantaient, dans les moelles, comme des aiguilles de glace.

Tout le monde frissonnait autour du vieux Marcel Pibrac, en qui résidait suprêmement l'éloquence de ce genre de récits. Et tout le monde se figurait l'ombre terrible soudain dressée à l'huis vers lequel se tournaient instinctivement tous les regards, tandis que la pièce devenait plus sombre, les dernières flambées s'écroulant dans l'âtre et faisant passer aux murailles, comme souvent le feu en ses agonies, de fantastiques dessins, le vent soufflant plus fort encore au dehors et mettant de sinistres craquements à la toiture. Et Jérôme, le soldat en congé, qui faisait le malin, et qui n'avait pas moins peur que les autres, demanda d'une voix qu'il essaya de rendre gaillarde ce qu'on avait fait, en pareil cas, pour conjurer le maléfice, ce à quoi le vieux Marcel répondit que les plus poltrons s'étaient sauvés par les fenêtres et que les plus braves avaient tiré sur l'apparition, laquelle, immédiatement, s'était évanouie dans la fumée du coup de feu.

A ce moment, le dernier tison roula, avec un crépitement d'étincelles, par delà la cheminée, laissant la pièce dans l'obscurité; la tempête s'essouffla davantage encore au-dessus des têtes, et, la porte s'ouvrant brusquement, le sire de Mauclair apparut, comme si le fantôme avait écouté à la porte, pour entrer au bon moment. Impossible de ne pas le reconnaître dans la lumière blanche venant du dehors, un rayon blafard de lune ayant troué la nuée tumultueuse. Il portait le casque légèrement empenné de noir, la blessure décrite à travers le front, les armoiries de sa maison à la cuirasse, et, sa barbe flottant au vent, on eût dit qu'un écureuil lui courait autour du cou. La terreur de tous fut épouvantable. Les femmes se laissèrent choir à genoux en invoquant la Vierge, les hommes se blottirent dans les coins, et ce fut le comble lorsque le méchant seigneur, devant cet effroi, se mit à rire aux éclats, avec une moquerie insolente. Ah! le soldat Jérôme Pibrac n'y tint plus, et, plus prompt que l'éclair, sautant sur le vrai fusil chargé pendu au travers de la cheminée, il ajusta et fit feu deux fois... Mais, comme l'avait annoncé le vieux Marcel, le fantôme ne s'évanouit pas dans la fumée qui suivit la double détonation. Un cri terrible avait retenti et un chevalier d'autrefois se tordait à terre, dans le cliquetis sinistre de son armure, une écume sanglante à la bouche, sans barbe maintenant, qui, par trois fois, tenta de se relever, retomba lourdement, poussa un effroyable soupir d'angoisse, et demeura immobile ensuite, comme ceux sur qui vient de passer l'aile de la mort.

Et les femmes, cette fois, étaient tombées le front à terre, en sanglotant des *Ave*, et les hommes, le soldat Jérôme lui-même, qui avait laissé tomber son fusil, se recommandaient à Dieu en une terreur indicible, déjà angoissée d'un obscur et inconscient remords.

Pendant ce temps-là, sur la route entre Saverdun et Pamiers, au plus près de la maison de Jean Pibrac, dans une voiture confortable, un de ces bons landaus provinciaux où l'on pourrait, avec un peu de bonne volonté, loger une famille, pas trop nombreuse toutefois, attelée de deux bons chevaux pyrénéens dont le vent ébouriffait les crinières et qui piaffaient éperdument, la jolie comtesse Hélène de Sainte-Aldegonde, mariée depuis trois mois seulement, riait aux larmes avec son cousin, M. de Randal, un très élégant officier, costumé, cette nuit-là, en capitaine de chevau-légers du bon roi Louis le quinzième, la jolie comtesse, elle-même, portant la très gracieuse tenue des dames d'honneur de Marie de Médicis, toilette qui convenait à merveille à sa beauté, grave de lignes, enjouée d'expression, souriante et sérieuse suivant les occasions, également adorable sous le rayonnement du recueillement ou de la gaieté, très enjouée en ce moment et même un tantinet coquette avec son cousin. C'est que, parbleu! on était, comme on sera demain, à la Mi-Carême et qu'on s'en allait, par ce difficile chemin, de Sainte-Aldegonde, la propriété du comte voisine de Saverdun, au bal costumé donné, en son château voisin de Pamiers, par le marquis d'Azéma, où se rencontrait volontiers, en de telles occurrences, toute la gentilhommerie, encore influente, d'un pays où la tradition est lente à mourir. Et ce bon Sainte-Aldegonde, toujours farceur, et si amoureux de sa jeune femme! avait inventé de faire reconstituer, pour lui, à cette occasion, en un déguisement érudit, le légendaire costume du sire de Mauclair dont il n'avait oublié ni la plume, ni la balafre, ni la barbe jaune, ni la cuirasse blasonnée. Or, le cocher hésitant à un tournant de chemin qui bifurquait, ravi de fumer un cigare et de se débrouiller les jambes lui-même, était descendu de voiture pour aller se renseigner à la maison la plus voisine où il avait aperçu aux volets une lumière rouge — celle de Jean Pibrac.

Vous savez le reste. L'aventure prêtant, à la fois, à rire et à pleurer, et le meurtre étant assurément involontaire, grâce aux influences provinciales, l'affaire fut étouffée et le comte retrouvé dans son lit, le lendemain matin, mort d'un anévrisme rompu.

Ah! une bonne nouvelle. La jolie comtesse de Sainte-Aldegonde, déjà veuve depuis deux ans, épouse, dans huit jours, son beau cousin de Randal, qui l'avait fait tant rire dans la voiture.

LA FEUILLE DE VIGNE

LA FEUILLE DE VIGNE

I

Êtes-vous tellement amoureux de ce temps-ci dont le poète Tancrède Martel a justement écrit en une de ses ballades :

> Le temps est beau pour les trois Coquelin,

qu'il ne vous plaise remonter quelquefois aux temps paradisiaques, par une envolée en arrière dans l'infini des siècles déjà poudreux de la poussière humaine ? Moi, ce voyage à *retro* m'a souvent tenté et je l'ai souvent fait à reculons, non sans m'arrêter, en route, dans les bucoliques époques de Théocrite et de Virgile où j'aurais mieux aimé vivre qu'à présent. La légende biblique m'a déjà fourni quelques heureux commentaires. Je ne procède pas à la façon des savants allemands qui tripatouillent les textes, sacrilèges Porels des Bergerats sacrés. Non, je m'en remets à mon simple bon sens — disciple éperdu de Sarcey — de rectifier un tas d'erreurs accréditées et de montrer leur béjaune, comme dirait Rabelais, au *servum pecus* des Genoude et des Royaumont.

Ainsi, tenez, — ma dernière découverte — pouvez-vous imaginer, un seul instant, que le Dieu de toute bonté (un des titres auxquels Jéhovah tient le plus) ait pu ignorer les mansuétudes de la loi Bérenger ? Je ne voudrais pas contrister un sénateur de bonne foi ; mais je réclame absolument pour Jéhovah, le Dieu de miséricorde, l'initiative d'une mesure inspirée par une évidente mansuétude. Je n'ai jamais admis que, pour le vol d'une pomme, cet excellent Créateur de toutes choses, voire des Académies, ait brutalement expulsé de sa propriété, et pour jamais, deux êtres qui le nommaient : mon Père, et qui en avaient le droit. Un paysan normand lui-même — et ce sont pourtant de belles rosses — serait incapable de cette cruauté.

Je veux bien que ce délit ait été le premier dont se soient rendus coupables nos premiers parents. Il ne put être certainement que l'objet d'une punition légère, prémonitoire, simple avertissement pour la récidive ou pour quelque forfait plus grave. Mais ce châtiment, parbleu ! je le trouve mentionné dans la Bible elle-même, j'avoue que je le trouve même exagéré. Jusque-là — c'est un fait acquis — Adam et Ève se promenaient librement dans leur nudité glorieuse, étalant, celui-ci les vigueurs d'une musculature inutile, mais décorative, celle-là la grâce vivante de ses formes et l'admirable poème des chairs immaculées que la morsure du baiser n'avait pas encore flétries, seule beauté demeurée debout, dans l'effondrement de toutes les autres, suprême consolation des âges maudits.

Or Jéhovah, sur son trône perché,
Leur tint, à peu près, ce langage :

— Pour vous donner une petite leçon, mes enfants, vous porterez cette chose incommode et coûteuse qu'on appelle des habits. Oh ! je suis bon garçon ! je ne vous inflige pas comme ça, tout de suite, le supplice du tailleur. C'est pour le principe seulement. Je me contenterai d'une feuille de vigne.

— C'est bien petit ! objecta Adam avec une fatuité du plus mauvais goût.

— C'est bien grand ! murmura Ève avec une coquetterie douloureuse.

Un instant après, l'archange Dusautoy leur avait essayé à chacun le petit pantalon rudimentaire qui se cueille aux ceps généreux.

— Choisissez-le-moi vert, dit Adam, qui avait des goûts très bourgeois.

— Mon cher archange, fit Ève en qui le goût des modes harmonieuses était instinctif, je le veux mordoré par les chauds effluves de l'automne, comme au temps des vendanges où les pampres rougissent et se dorent le long des treilles.

— Ils vous vont comme des gants, dit l'archange Dusautoy en reculant de quelques pas et en clignant des yeux.

— Déjà ! pensa Ève.

Et la culotte était née, si petite encore ! mais prête à étendre ses laideurs, comme une chauve-souris ses ailes, jusque sur les fesses murmurantes d'indignation.

— Si jamais vous retirez votre pantalon, leur avait dit Jéhovah, pour conclure, vous aurez affaire à moi.

II

Et, de ce seul fait, tout était changé dans l'existence de nos deux primordiaux ancêtres.

Pour les dégoûter des fruits — et en particulier des pommes, — Dieu leur avait permis l'usage du gibier. Ce fut la fin de cet âge d'or pour les bêtes où, tranquilles sous l'œil innocent de l'homme, paissant d'immortelles verdures, elles n'avaient rien à craindre de son appétit. Il s'épanouissait dans l'or des couchants, seul ensanglanté, le doux rêve des végétariens d'aujourd'hui, âmes fraternelles à tout ce qui respire. Je crois que le vrai châtiment de l homme coupable en fut l'évanouissement. Car n'imaginez-vous pas une vie délicieuse dans la promiscuité bienveillante des espèces sans méfiance les unes des autres, buvant, à la même source infinie, les larges caresses du ciel et l'ombre enchantée des feuillages! Nous étions, pour les oiseaux, comme les arbres où ils se viennent reposer, et de nos longues chevelures montait l'harmonieuse chanson des rossignols!

Mais c'en était fait de cet ordre charmant de choses. Adam, d'une flexible branche de noisetier et d'une liane étroite, avait fait un arc, et partout, dans l'air comme au ras du sol, éparpillait le vol des flèches, secouant, dans l'air, des flocons de plumes et des gouttelettes de sang. Et, loin de le décourager de cette occupation cruelle, Ève l'y excitait parce qu'elle avait pris le goût immodéré des venaisons. Ce qu'elle vous faisait craquer délicieusement, sous la blancheur impatiente de ses dents, les petits os des cailles, et comme elle semblait éponger lentement, sous ses joues, la chair succulente des râbles aux saveurs sauvages ! Car, en elle, le goût de la bonne cuisine était inné comme celui des modes élégantes, et tout de suite, elle vous avait inventé, pour accommoder le gibier, des sauces d'une sagacité extraordinaire. A chaque nature de viande, elle savait garder son goût originel, — secret foulé aux pieds aujourd'hui dans les restaurants où la mésalliance impie des jus finit par donner au faisan l'arome du bœuf à la mode — secret essentiel de toute cuisine digne de respect.

Elle s'amusait beaucoup à se préparer ainsi de bons petits plats et ne s'amusait pas moins à les manger. Adam n'était pas devenu moins porté qu'elle sur son ventre, et, dans ces occupations gourmandes, ils oubliaient, dans les délices d'une gastronomique sérénité, et le noble souci de l'idéal et l'immortel besoin de révolte contre Dieu dont est faite toute dignité humaine.

III

Sous un minuscule berceau de blés fauves mêlant leurs têtes lourdes de grains, la perdrix goûtait l'ensoleillement, tamisé par les épis, d'une délicieuse après-midi, pelotonnée sur son ventre gris au duvet changeant, les ailes à demi ouvertes pour boire la chaleur tempérée de ce nid naturel, en une béatitude qui eût désarmé tout autre qu'un stupide chasseur. Un sifflement passa dans la gerbe debout, et l'oiseau, percé, se raidit en une agonie où ses petits yeux, blanchissant, palpitaient, cependant que de sa gorge s'échappaient, avec des gouttes rouges, de petits cris de douleur.

Adam vint ramasser sa proie et, toute chaude, palpitante encore, il lui souffla dans la plume, en faisant claquer sa langue. C'est que cette chair vivante encore était grassouillette et promettait un excellent rôti.

Quand il l'apporta dans son ajoupa, si j'ose m'exprimer ainsi avec Bernardin de Saint-Pierre, Ève, après avoir ausculté de nouveau la bête morte, jugea que ce serait, en effet, un manger délicieux, mais dans deux jours seulement. Et ces deux journées se passèrent en pourléchages de babines.

Quand le moment d'accommoder le précieux volatile fut venu, Ève dit à Adam :

— Il me faut absolument une barde de bon lard pour faire, à cette mignonne, une chemisette avant de l'insinuer dans la rôtissoire.

— Qu'à cela ne tienne, répondit Adam ; mais comme le cochon n'est pas encore inventé, il nous faudra nous contenter de lard de sanglier. J'en vais occire un incontinent qui m'a paru fort en point. Mais toi, de ton côté, n'oublie pas d'aller quérir une belle feuille de vigne pour lui en envelopper les reins, voire même le croupion. Car rien ne donne meilleur goût à une perdrix qui se doit manger, cela va de soi, servie sur canapé, j'entends sur une bonne rôtie bien baignée de son jus.

— Sois donc tranquille, fit Ève, en haussant légèrement les épaules. Avec ça que je ferais rôtir une perdrix sans l'entourer d'une feuille de vigne !

Et cependant, durant que son époux massacrait le sanglier et lui volait une tranche de charcuterie sauvage, nul ne vit Ève s'absenter, bien que toute treille fût lointaine. Vous me direz qu'elle n'avait pas de voisins. Mais est-ce que l'œil triangulaire de Dieu n'était pas là pour surveiller ses moindres actions ?

Les voici maintenant à table. Le couvert est primitif, mais quel bel épanouissement d'appétit sur leurs lèvres impatientes !

— Ah ! tu n'as pas oublié ! fit joyeusement Adam, en arrivant, le lard enlevé, à la seconde enveloppe, la végétale, du savoureux oiseau.

Le fait est que la feuille de vigne, craquante, presque noire par la cuisson, exhalait une savoureuse buée de verdure mêlée aux carnassiers aromes.

— Quel parfum ! s'écria Adam. Oh ! la belle vigne qui produit de pareilles feuilles ! Jamais, non ! jamais, je n'ai mangé une perdrix mieux embaumée d'un vrai rêve de vendange.

Ève aussi se léchait les doigts.

Soudain Dieu — que nous appellerons une fois pour toutes, si vous le voulez, le grand trouble-fête, — apparut dans la salle à manger.

Les deux époux respectueusement se levèrent de table et Adam poussa un cri. Ève n'avait plus sa petite culotte !

Celle-ci avait passé sur le dos de la perdrix. La paresse d'aller jusqu'à la vigne prochaine !

Mais Dieu, fronçant la broussaille qui lui sert de sourcils :

— Vous allez me ficher le camp du Paradis bien vite, petite effrontée ! dit-il à notre première mère.

Et, d'un ton moins furieux, il ajouta pour Adam :

— Et toi aussi, grand galvaudeux qui ne sais pas imposer les convenances à ta femme.

Mais Adam ne l'écoutait pas. Le spectacle délicieux d'Ève rendue à sa nudité première, avec l'instinct naissant en lui pour la première fois, pervers et voluptueux, des amoureuses délices encore inconnues à leur stupide innocence, le tenait comme hébété, sous un charme. Et quand ils eurent franchi le mur d'enceinte tout hérissé d'épines en dehors :

— Va, dit-il à Ève, ne regrette rien et surtout ne répare rien ! C'est seulement pour les perdrix que sont faites les feuilles de vigne.

FABLIAU DE MI-CARÊME

7.

FABLIAU DE MI-CARÊME

A Charles Toché.

Charles Monselet, trop vite oublié, — n'est-ce pas, mon cher Paul Arène ? — a écrit, sur les « petites blanchisseuses », de petits vers tout à fait exquis. Dussé-je révéler une âme bourgeoise, je confesserai ma rancune à l'endroit des jeunes filles de cette corporation, ayant longtemps accepté de ne plus trouver de boutons après mes chemises, mais me résignant mal à ne plus trouver de chemises après mes boutons. Voilà pourtant où la science et l'abus de la chimie ont conduit ces demoiselles. Le battoir, dont le bruit joyeux était la gaieté de la rivière, n'est plus l'emblème professionnel, mais bien l'alambic où se donnent sournoisement rendez-vous tous les produits destructeurs de la lingerie. Adieu, la riante image des belles filles en cheveux, penchées sur l'eau qui reflétait leur sourire en un éparpillement de perles, et qui médisaient si gentiment sous l'auvent ensoleillé du lavoir ! Il nous faut maintenant nous représenter ces aimables personnes sous les espèces de pharmaciennes endiablées confectionnant des mixtures corrosives d'où les tissus de toile et de coton sortent à l'état de trous d'une blancheur d'ailleurs immaculée, — telles des oiles d'araignée sous le givre matinal. Et je pleure en elles — ce qui est douloureux toujours pour un poète — un symbole disparu. Les « petites blanchisseuses » ne sont plus les délicieuses ouvrières de la propreté publique, mais les auxiliaires perfides des magasins de blanc. Je ne leur en veux pas trop cependant, ayant adopté depuis longtemps cette maxime de Manou, qui, trois mille ans avant notre Michelet, avait dit : « Ne frappez pas, même avec une fleur, une femme chargée de fautes ; partout où la femme est honorée, les divinités sont satisfaites. »

Et puis, la Mi-Carême est vraiment, pour elles, l'occasion d'une légitime absolution. Elles nous brûlent notre linge toute l'année, c'est entendu. Mais, une fois par an, en ce jour solennel, elles nous donnent le spectacle toujours délicat des déshabillés charmants ; nous montrent, malgré le temps frileux encore, tant de jolies épaules, tant de bras nus, rondelets, tant de poitrines jeunes et aimablement montueuses, de si jolies frimousses éblouissantes de gaieté sous la perruque des déguisements, nymphes aux cheveux dénoués ou marquises poudrées, le long des chars promenant, par la ville, en grappes vivantes ensoleillées, même sous la brume, de beauté, de jeunesse et de belle humeur, qu'il faudrait être aveugle ou méchant dans l'âme pour ne leur pas tout pardonner. Il est exquis le cortège de ces ruches ambulantes, laborieuses et sonores, dont les abeilles sont des femmes, suivant, comme les élèves ailées du bon pasteur Aristée, la reine qu'elles ont choisie, et cachant, il est vrai, comme celles-ci encore, l'imperceptible dard avec lequel elles déchiquetteront demain nos caleçons les plus précieux, nos mouchoirs les plus chers, occupation certainement moins innocente que butiner le suc des fleurs sur les coteaux de l'Hymette ou dans la vallée de Tempé. Pour ma part, tout au charme de cette théorie joyeuse où flotte comme un souvenir païen des antiques Panathénées, j'avoue que je ne leur en veux plus du tout.

Or donc, je demande que cette tant glorieuse

Mi Carême soit aussi, au conteur gaulois que je fus longtemps, l'occasion d'une extrême indulgence pour le conte — un peu vivement dans le goût de nos aïeux — que je vais vous dire, d'autant que c'est nos blanchisseuses nationales qui en sont les héroïnes. Je pourrais aussi invoquer l'immunité due aux bons descendants des esclaves saturnaliens qui ont organisé, hier, la *Vachalcade*. Car, longtemps, Montmartre fut ma patrie, et je ne revois pas encore sans attendrissement la silhouette du Moulin de la Galette, me remémorant le temps lointain, hélas ! où mon ami Jean Béraud et moi n'y manquions pas une contredanse. Oh ! la belle Mi-Carême d'antan !

Or donc, mon conte, — un tantinet inconvenant, — a pour décor ces coteaux de Puteaux, voisins de ceux de Suresnes, dont Jules César prisait le vin, que déshonorent aujourd'hui les hautes cheminées fumeuses des usines, mais, en ce temps-là, les plus aimables du monde, frémissants, aux temps des verdures nouvelles, sous une poussière d'émeraude, portant en automne, — comme une fourrure, — un véritable manteau de fauves frondaisons, ayant, d'ailleurs, déjà leur population de blanchisseuses rejoignant les troncs parallèles des arbres par des guirlandes de lingerie éclatante et claquant dans l'air comme de petits drapeaux. Car, déjà, les gens économes de Lutèce faisaient nettoyer leurs *frusques* dans la banlieue, les Romains ayant appris à nos rustiques aïeux le mérite de l'argent. Et ce temps-là était celui où vivait saint Médéric, un bienheureux maintenant en la céleste béatitude, mais alors un pauvre homme s'il en fut, vivant d'aumônes, estimé toutefois pour sa vertu, et dont les prières, particulièrement appréciées de Dieu, valaient toujours quelques faveurs d'en haut à ceux qui l'avaient pris en pitié et mis, dans sa longue main décharnée, un peu de pain.

Telle avait été, pour lui, Jeanne, la bonne blanchisseuse qui, de plus, avait *fourré* dans le havresac du misérable — et sans qu'il le vît, ce qui augmentait le prix de sa charité — un morceau de lard et quelques noix, bien qu'elle fût pauvre elle-même, l'ouvrage ne donnant pas beaucoup chez elle, pour ce qu'elle était de mœurs infiniment moins joyeuses que les petites blanchisseuses de Charles Monselet. Et cette bonne action était venue d'autant plus à point pour saint Médéric, qu'il avait été auparavant fort mal reçu par une voisine de Jeanne, Margot, que nous n'hésiterons pas à appeler la mauvaise blanchisseuse, et qui l'avait mis à la porte en le raillant sur sa vieillesse et sur son appétit. Ah ! une gaillarde, cette Margot, la grand'mère, assurément, de celle que connut François Villon et qu'il illustra d'un si compromettant rondel, coquette avec la pratique et aimant à boire un petit coup : belle gouge, d'ailleurs, aux yeux flambants et à la bouche insolente.

Or donc, quand notre saint eut reçu l'aumône de Jeanne, il l'interrogea sur ce qu'il devrait demander à Dieu pour qu'elle en fût récompensée. Elle lui répondit d'en obtenir que ce qu'elle ferait tout d'abord durât ensuite toute la journée. Et, ce disant, elle commença à laver le peu de linge qui lui avait été confié par ses rares clients. Le miracle ne se fit pas attendre. A peine saint Médéric, après avoir dit son oraison en latin, eut-il passé le pas de l'huis, en la bénissant, que les pratiques y vinrent frapper de tous côtés, d'énormes paquets sous le bras. On eût dit que le village, et tous les villages voisins, et les faubourgs aussi de Lutèce, eussent traversé une nuée de poussière, que tout le monde y eût besoin de faire nettoyer son linge à la fois. Non seulement Jeanne eut, ainsi, du travail toute la journée, mais il lui en demeura encore pour toute la semaine qui suivit, ce qui fut le commencement de sa fortune qu'elle consacra, d'ailleurs, à de bonnes œuvres, se souvenant d'où ce bien lui était venu.

Cependant, Margot, le lendemain, voyant cela

et ayant, elle-même, la bourse vide, regretta véhémentement d'avoir malmené un mendiant qui rendait de tels services, et, comme elle avait aussi peu de dignité que de bonne conduite, elle résolut de réparer sa faute, par une bonne petite hypocrisie. Ayant confectionné des gâteaux et autres menues friandises, elle en emplit son panier qu'elle mit à son bras et commença de se promener dans la campagne dans le but intéressé de rencontrer saint Médéric qui toujours vagabondait par les chemins, sa besace au dos, un bâton noueux à la main et un orémus aux lèvres. Comme il était de grand matin, les oiseaux chantaient délicieusement dans les cerisiers en fleurs, et la Seine, infiniment moins large qu'aujourd'hui, faisait un murmure très doux comme un frôlement de soie, et semblait-elle un ruban de couleur changeante sous les tons variants du ciel rose à l'orient et d'azur au zénith, avec de petites nuées violettes comme une floraison d'hyacinthes aux pétales envolés. Mais elle ne goûtait guère la poésie de ces choses, toute à son ambitieux dessein. Et sa face de ribaude s'éclaira-t-elle de joie, quand elle aperçut le mendiant, qui était couché par terre, dans les gazons fleuris de crocus, sous un rideau de broussailles emperlées, se dresser sur son séant, puis s'étirer de toute la longue maigreur de ses bras, puis se lever en écartant, des fils d'argent de sa barbe et de ses cheveux, les fils d'argent aussi que les araignées avaient tissés au-dessus de sa tête, et qui semblaient des chapelets de microscopiques gouttelettes de rosée. Et, allant à lui, très platement, elle lui demanda pardon du mauvais accueil qu'elle lui avait fait la veille, glissa, malgré lui, les gâteaux et les menues friandises dans sa besace, et le supplia de prier Dieu qu'il lui fît la même faveur qu'à Jeanne, à savoir que ce qu'elle ferait tout à l'heure, elle le fît tout le jour. Et comptait-elle, comme sa voisine, faire une fructueuse journée d'ouvrage, d'autant qu'elle allait plus vite, y mettant beaucoup moins de soin. Et saint Médéric, qui était miséricordieux comme pas un, demanda au Seigneur, de toute la dévotion de son âme, qu'il en fût ainsi fait.

Mais oyez les méchants tours que nous fait l'intempérance ! Avant de se mettre en route et suivant un usage en vigueur déjà chez les ouvriers paresseux, Margot s'était humecté le gosier d'un large verre d'Argenteuil blanc, savoureux, certes, et que vous méprisez sans doute, à tort, ô mon cher Toché, vous qui sablez, en ce moment, avec l'ami Mendiundo, les meilleurs vins de la Gironde, mais délectable néanmoins et salutairement diurétique, si bien qu'avant de se mettre à la besogne, et pour n'en être pas incommodée, notre Margot se mit à croppetons, comme disait Villon, sous une saulaie ; et Dieu, qui exauçait consciencieusement la prière de saint Médéric, la maintint tout le jour dans cet hydraulique divertissement. La légende prétend que la Seine, dont Jules César parle irrévérencieusement comme d'un ruisselet, devint, cette nuit-là, grâce au miracle dont Margot était l'objet, le grand fleuve où notre jeunesse connut la douceur des canotages et dont madame Deshoulières a chanté les rives fertiles. On ne saurait dire pourtant aujourd'hui qu'il lui reste rien de la saveur d'un vin léger. Je ne crois qu'à demi à cette fable et vous demande humblement pardon de l'incongruité de mon récit.

P. S. pro domo mea. — Notre éminent collaborateur et mon vieil ami André Theuriet se plaint que la fable poétique de *Mélusine* n'ait jamais inspiré une grande féerie chorégraphique. Je suis heureux de lui apprendre que Raoul Pugno achève, en ce moment, la musique d'un grand ballet-féerie que j'ai édifié sur ce sujet, il y a bien des années déjà, et que nous espérons bien voir représenter cet hiver.

LE PERROQUET

LE PERROQUET

I

Une matinée d'automne en plein Morvan avec de belles nappes de rouille sur les bois, des verdures sombres encore dans les frondaisons moins hautes, des chapelets de mûres s'égrenant dans les haies parmi les dernières églantines semblant des papillons roses; une matinée radieuse où la suprême coquetterie des choses préparait la mélancolie prochaine des déclins, le vol des corneilles montant, avec un bruit joyeux, circonflexe, dans le ciel, et les cloches tintant gaiement l'Angélus dans les clochers qui semblaient se répondre. A ces musiques vagues faites du caprice des brises dans la feuillée, du murmure des sources dans les gazons, du bruissement des insectes sous les brins d'herbe, se mêla, très éloignée encore, une symphonie guerrière, une rumeur de trompettes et de tambours évoquant, par avance, sous les yeux encore lourds de sommeil, les plis héroïques du drapeau. C'était au temps des grandes manœuvres, et c'était quelque corps destiné, pour le jour même, ou à la défaite ou à la victoire, qui allait prendre position.

Le meunier Bourachon, qui s'habillait d'assez mauvaise humeur, dit à sa femme Marie-Anne :

— Pourvu que ces animaux ne viennent pas loger ici ce soir !

Mais sa femme Marie-Anne, qui était patriote et aimait les soldats, lui reprocha son peu d'empressement à héberger ses défenseurs. Elle serait enchantée, elle, au contraire, de dorloter un peu ces pauvres grands gars qui auraient passé tout le jour, sac au dos, en se tirant, les uns aux autres, des coups de feu imaginaires.

— Si je le croyais, ajouta le meunier plus sombre encore, je ne partirais pas !

Mais sa femme Marie-Anne, qui était une excellente ménagère, lui demanda s'il était fou. Oubliait-il que c'était le lendemain qu'avait lieu le marché au blé le plus considérable de la saison, et qu'il trahirait le souci auguste de ses propres affaires en ne s'y rendant pas? Bourachon, en bon paysan, était plus avare encore que jaloux. Il descendit en grommelant, attela sa jument blanche *Chérie*, ploya sous lui sa limousine pour la nuit, embrassa sa femme, et, comme il lui fallait exercer son mécontentement de quelque façon, commença de rosser *Chérie*, en continuant d'ailleurs à lui donner les noms les plus doux.

Faisant courir derrière lui, et dans le sillon de ses roues, de petits nuages blancs sur la route poudreuse, il disparut dans l'incendie auroral, la jument, déjà fumante, ayant des aigrettes roses aux oreilles, cependant que sa femme Marie-Anne constatait, avec une joie malicieuse, que le bruit des tambours et des trompettes se rapprochait, cependant que le canon bourdonnait déjà, au loin, pour la mensongère bataille dont le champ était décidément voisin. Et le soleil montait dans cette fanfare, tel un antique guerrier sur son char d'or, secouant à l'horizon une nuée de flèches enflammées.

II

Or, c'était au temps où le camp d'Avor, voisin de Bourges à l'immortelle cathédrale, jouait un rôle dans la vie militaire, rôle qu'a supprimé l'institution de l'École de Saint-Maixent, aujourd'hui, comme Saint-Cyr, pépinière d'officiers. Une sélection de sous-officiers candidats à l'épaulette, appartenant d'ailleurs à tous les corps d'infanterie, y venaient faire leur apprentissage et préparer leurs examens, constituant un petit sous-état-major bariolé : lignards à la culotte rouge, turcos vêtus de bleu, zouaves aux culottes flottantes, marsouins au sombre uniforme, sans oublier la légion étrangère qui y avait aussi ses représentants, tous jeunes et très joyeux, avec des rêves de gloire plein la cervelle. Quand les études théoriques avaient pris fin, on les envoyait prendre part aux grandes manœuvres du VIIIe corps, toujours réunis et dissemblables dans leur tenue multicolore. Le sergent-major de turcos — un bon Montmartrois, d'ailleurs, qui s'était engagé, Philippe de son vrai nom, Ali par sobriquet de régiment, — était assurément, cette année-là, un des plus beaux hommes de cette minuscule armée, aimant à rire avec cela et trouvant volontiers les femmes à sa naturelle convenance, pourvu qu'elles fussent jolies et douées de quelque enjouement. Car il n'était pas pour les mélancoliques tendresses, sans préjugés d'ailleurs à l'endroit des conjugales vertus, fort pernicieux, conséquemment, à la tranquillité des ménages. Et ils étaient pas mal comme ça dans le bataillon, à commencer par le chef qui le commandait, le vicomte Leroy des Baudrilles, qui avait été un fier trousseur de jupes en son temps et en avait gardé, en même temps qu'un peu d'habitude, une grande mansuétude à l'endroit de cet aimable péché. Bonne doctrine, au demeurant, dans un pays où justement on s'inquiète de la dépopulation dans les campagnes. On y ferait durer les grandes manœuvres toute l'année, que le nombre des citoyens en profiterait certainement.

III

Vous voyez que cet animal de Bourachon n'avait pas si grand tort de partir inquiet ; d'autant que la Fatalité l'avait certainement guigné de son œil torve, ce matin-là, mêlant son obscur et méchant regard au lumineux rayonnement du soleil. Car un détachement vint loger dans le village, chez l'habitant, bien entendu, composé des sous-officiers élèves d'Avor, et ce fut le bel Ali qui fut désigné pour aller passer la nuit au moulin, sous le même toit que madame Bourachon, justement veuve cette nuit-là. J'ai dit que le sergent-major était entreprenant, et que la belle Marie-Anne — car elle était fort agréable, la femme du meunier, Berrichonne de Sancoins, où les filles sont belles, châtaine avec des reflets fauves dans les cheveux, blanche avec des piqûres d'or dans la peau mate, de belle structure harmonieuse, avec de jolies mains d'un dessin pur — aimait, d'un sentiment patriotique et sensuel à la fois, les militaires. Ce que l'honneur de Bourachon devait peser peu dans une balance où de telles inclinations se faisaient contrepoids, je vous le laisse à penser. Il n'en fut non plus question que d'un fétu dans une riche moisson, ou d'un pépin dans une grasse vendange, moisson de baisers à l'ombre adultère des rideaux aux fleurs pâlies, vendange de caresses pendant la chanson de la roue qui continuait à battre rythmiquement l'eau de ses larges ailes. Mais quel homme... non pas que cet Ali, mais que ce Bourachon! Décidément, très embêté de savoir sa femme seule pendant la cessation des hostilités dans le pays, ne s'avisa-t-il pas de donner la commission de ses propres achats à un ami sûr, meunier comme lui, mais ne travaillant plus pour son compte, qu'il avait rencontré à dîner au cabaret, et de regagner au galop son moulin où il était si peu attendu! A cette occasion, comme le meunier était aussi impatient, au moins, que jaloux, *Chérie* reçut encore une belle floppée de coups de fouet et de noms affectueux. Madame Bourachon eut une fameuse peur quand elle l'entendit rentrer. Ali, lui qui, brave comme un lion dans la mêlée guerrière, avait, dans la vie civile, des frousses d'enfant, comme de vrais héros y sont quelquefois sujets, bondit, comme un fou, du lit, sauta, comme un singe, par la fenêtre et se sauva tout nu, laissant tout son équipement, armes et vêtements, sur les positions amoureuses conquises et subitement abandonnées.

IV

La diane sonnait gaiement dans l'aube, accrue du cocorico de tous les coqs secouant, dans la lumière, leurs ailes empalées. Puis, ce fut le rassemblement. Quand Ali comparut, *in naturalibus* (c'est maintenant que le latin va pouvoir braver l'honnêteté, puisque personne ne le comprendra plus), au milieu de ses camarades, ce fut un éclat de fou rire, puis un élan de pitié et de bonne camaraderie. Presque tous avaient des effets de rechange. Un zouave lui prêta son turban, un marsouin son pantalon bleu sombre, un sous-officier de la légion étrangère sa veste soutachée, si bien que, dans ce disparate accoutrement aux couleurs hurlantes les unes contre les autres, il était absolument méconnaissable et ridicule, si bien que le commandant Leroy des Baudrilles s'écria, en l'apercevant dans les rangs : — Tiens ! un perroquet !

Quand l'histoire lui fut contée, à lui-même, le bon officier s'en amusa si fort qu'il négligea de coller à Ali la moindre punition. Comme la bataille devait finir ce jour-là et qu'il appartenait à l'armée victorieuse par destination, il dit au sergent-major : — « Ma foi ! tu diras que tu as pris la chose au sérieux et que c'est du butin pris sur l'ennemi. » Ce qui était d'ailleurs rendu vraisemblable par ce fait que l'armée ennemie était absolument composée des mêmes corps que l'autre et pareillement vêtue.

Mais ce stratagème réparateur devait être inutile.

On n'était qu'à deux kilomètres, tout près d'un village, quand une voiture apparut sur la route, s'avançant au galop d'un cheval blanc qu'enveloppait une cinglée de fouet et qu'excitaient des mamours. C'était *Chérie* et, derrière, Bourachon, ayant pour bagage un fusil, un ceinturon à baïonnette, d'énormes souliers, et tout un accoutrement de turco. On lui avait dit qu'en gardant plus longtemps chez lui ces objets il était passible des galères, pour recel d'effets militaires appartenant à l'État, à moins qu'il ne fût condamné à mort comme espion. Or, comme en bon paysan il était encore plus soigneux de sa peau que jaloux, il rapportait le tout en grande hâte. — Fort bien, lui dit avec politesse le commandant, et s'adressant à Ali qui n'en menait pas large : — Perroquet, voulez-vous reprendre livraison de vos vêtements?

La cérémonie fut de toute convenance, pleine de dignité et de froideur. Ali donna un quitus à son propriétaire d'une nuit, et le meunier s'en retourna. Mais comme il fallait bien faire passer sa colère sur quelqu'un, ce qu'il ficha une raclée à *Chérie*, avec une litanie de mots tendres!

SIMPLE BADINAGE

SIMPLE BADINAGE

En son joli boudoir, tout tendu de satin bleu et donnant, par une large baie, sur le jardin tout enneigé de roses tendres par les amandiers en fleurs, ayant, à côté, sur une élégante table de marqueterie, un volume ouvert de Marcel Prévost et un énorme bouquet de lilas blanc aux clochettes à peine épanouies, au parfum naissant à peine, sur une causeuse à ramages discrets au cadre ourlé d'or du plus pur style, madame de Lissac était à demi étendue, rêveuse dans la tiédeur printanière de l'air, déplorablement seule ; car c'était un délicieux et fort décent, néanmoins, spectacle, que celui de son aimable personne en ce nonchalant abandon. Et quiconque est sensible aux pures joies de la contemplation en eût éprouvé une très vive à la regarder ainsi, la belle trentenaire déjà veuve, aux grâces confortables et dodues, sans que rien ne fût encore altéré de la beauté native des formes et de l'harmonie des lignes, en cette floraison de santé. Blonde, avec une chevelure qui, naturellement, se crêpelait à la nuque et aux tempes en un petit frisson d'or s'alourdissant ensuite en belles masses d'un fauve clair, très blanche avec un pollen de pêche sur la peau, les yeux d'un bleu indécis et tels qu'une poussière de turquoise au soleil, le nez aristocratique en sa courbe légère, la lèvre souriante avec un menton résolu d'impératrice, elle portait le beau visage que lui faisait tout cela sur un cou un peu charnu, mais dont un double collier naturel ponctuait la matité majestueuse, un cou qui s'épanouissait aux épaules comme un fleuve qui s'élargit en approchant de la mer, et, comme tout ce qui était, sans doute, à louer encore en elle, ne se pouvait que deviner sous son déshabillé savant, je dirai que les plus aimables hypothèses étaient permises sur la fermeté savoureuse de sa gorge, et le noble développement de ses hanches, et le beau dessin de ses jambes l'une à l'autre nouées près de la cheville, deux petits pieds chaussés de mules émergeant de ses jupes.

A quoi songeait-elle, en ce nonchaloir? Eh! sans doute à être bientôt moins seule, parce que son deuil allait bientôt finir et n'exigeait plus que les violets et les mauves tendres, lesquels lui seyaient d'ailleurs admirablement. Voulait-elle donc convoler à nouveau, comme disent les jurisconsultes? Mon Dieu! l'expérience du mariage n'avait pas été pour l'induire en une épreuve réitérée. M. de Lissac n'avait pas été un méchant homme avec elle et lui avait laissé quelque bien. Mais elle avait passé six années fort ennuyeuses avec un gentilhomme peu spirituel et uniquement occupé de son écurie. Intérieurement, elle s'avouait que, n'eût été le scandale d'une séparation, elle aurait volontiers brisé cette chaîne, et en concluait, avec une logique parfaite, qu'un lien plus léger, moins officiel aux yeux du monde, et plus facile à rompre, serait mieux de son goût, pour l'avenir. Mais le choix d'un amoureux, pour une personne dans sa condition, n'était pas non plus une chose aisée. Il le fallait discret avant tout, passionné, cela va de soi, de bonne éducation et avec une pointe d'esprit, s'il était possible. Car, des sots, elle en avait assez, ayant elle-même une certaine culture et une humeur enjouée. Et, en cette méditation quelque peu perplexe, elle demeurait de temps en temps, tirant de sa paroi de cristal une branche de lilas blanc qu'elle meurtrissait de ses jolis doigts nerveux, ou recommençant la lecture interrompue pour la quitter un instant après, cependant qu'à la large baie ouverte sur le jardin, les moineaux, amoureux déjà, venaient pépier, se poursuivant avec un bruit d'ailes, et les premiers papillons, aux ailes de soufre, se dédoublaient sur les fleurs posées à la croisée.

A ce moment, on annonça M. Pistache.

Ce serait exagérer beaucoup que de dire qu'à ce nom, madame de Lissac eut un léger tressaillement. Tout au plus tourna-t-elle la tête vers la portière, qui se refermait déjà, après avoir donné passage à un monsieur fort élégant et qui, laissant retomber son pince-nez, saluait le plus courtoisement du monde, se débarrassait de sa canne et de son chapeau, suivant les rites les plus purs, et venait s'asseoir à côté d'elle, sur un signe d'acquiescement, après lui avoir baisé la main.

Quarante ans peut-être, le nouveau venu, mais bien conservé par une évidente coquetterie et paraissant plutôt quelques années de moins; une chevelure qui n'avait rien de copieux, mais d'abondants favoris taillés par un petit-fils de Le Nôtre devenu coiffeur, et venant mourir aux coins d'une bouche très fine ; une prestance confinant à l'aplomb et un contentement manifeste de soi-même. Volontiers, les magistrats sont ainsi, et, en effet, M. Pistache était substitut, et, n'étaient les rumeurs de bonnes fortunes qui avaient couru autour de son nom, il eût été certainement procureur de la République depuis longtemps déjà. Car il n'avait pas son pareil pour foudroyer le crime en de passionnelles audiences, et pour dire au vice son fait en de véhéments réquisitoires. Son éloquence était de gestes autant que de paroles. Il avait une façon, tout en requérant, de jouer de son pince-nez tour à tour dramatique et majestueuse. Quand il l'enfourchait sur son nez pour mieux regarder le coupable dans le blanc des yeux, celui-ci se sentait comme le cœur glacé par le froid du verre, et, quand il l'en faisait sauter après, pour donner à sa physionomie plus d'éclat en même temps que de liberté, on eût dit une tête qui s'envolait déjà des épaules frissonnantes d'un condamné. Entre ses doigts, le double morceau de vitre prenait alors toutes sortes de formes persuasives et insinuantes. Telles les femmes expriment toutes choses avec un simple mouvement d'éventail.

Dans le reste de la vie, d'ailleurs, cet utile ornement des myopes, et, en particulier, de M. Pistache, jouait un rôle non moins grand. Il en tirait de prodigieux effets dans ses déclarations d'amour. Il se mettait de fausses larmes dans les yeux en les en voilant tout à coup. Et, du même coup, sa voix se voilait tendrement, comme si un léger coryza lui descendait du nez dans la gorge. Cet homme donnait vraiment une âme au cristal quand il regardait au travers. Ainsi l'eau claire d'une source où le sable tressaille.

M. Pistache, qui ne manquait pas d'une certaine finesse d'intellect, avait pressenti, depuis longtemps, l'ordre d'impressions, plutôt suggestives qu'innocentes, où se débattait l'esprit de madame de Lissac et, tout naturellement, il tentait de réaliser l'idéal encore obscur de la belle veuve, dans sa propre personne de chicanous select et mondain. Au fond, il ne déplaisait pas et il en avait vaguement conscience. Madame de Lissac le trouvait bien de sa personne, lui savait gré des soins qu'il en prenait, comme le doit faire tout homme bien élevé, et se disait qu'un magistrat était un amant donnant des garanties de discrétion professionnelle. Mais alors, pourquoi M. Pistache avait-il la réputation de galanterie qui avait nui à son avancement? Il n'avait donc pas su cacher ses conquêtes comme il convient de le faire et comme nous y invite si bien, dans la vie internationale, l'exemple des Anglais? Mon Dieu, il y avait eu peut-être beaucoup de malveillance dans les bruits qu'on avait fait courir sur lui. Les distributeurs de l'humaine justice satisfont malaisément tout le monde. Elle ne voulait pas cependant s'affubler d'un coureur qui la ferait lentement mourir en de sempiternelles jalousies.

Et, tout en causant, tout en continuant à meurtrir des branches de lilas blanc et à tapoter la couverture de son livre, elle tentait de confesser le substitut et de savoir, un peu, s'il en avait fait autant qu'on le racontait volontiers. Très hypocritement, elle avait commencé par lui dire qu'un homme ayant beaucoup vécu et ayant été déjà fort aimé était seulement pour lui plaire. Elle ne voulait pas faire une éducation, oh! non. Elle avait remarqué que les viveurs étaient les plus aimables gens du monde.

Mais notre Pistache était un retors, habitué lui-même à ce genre de procédés investigateurs. Combien de fois n'avait-il pas dit à de pauvres diables, pour les faire avouer, qu'il avait une prédilection naturelle pour les francs coquins! Il ne tomba donc pas dans le piège. Tout au contraire, il fit une vigoureuse protestation de vertu. On l'avait indignement calomnié! Son existence avait été l'existence calme et pure qui convient au sacerdoce judiciaire. D'ailleurs, il n'y avait pas eu grand mérite, sentant qu'il aimait pour la première fois. Et il avait mis un genou sur le tapis pour conter toutes ces balivernes. Et madame de Lissac n'était pas fort loin d'en être émue et s'était levée plusieurs fois de la causeuse, très troublée et pour fuir cette ardente déclaration. Mais les supplications du soupirant l'y avaient de force ramenée... Tout à coup, l'éloquence du substitut s'arrêta net. Il chercha les mots; il porta la main à son front d'où rien ne jaillit. Il s'embrouilla dans des reprises d'attaque incohérentes... il n'était plus lui-même, et ses doigts cherchaient quelque chose dans le vide et ses yeux s'écarquillaient à lui fendiller les tempes, comme une porcelaine qui se craquèle au feu... Dans cette mimique violente à deux, son pince-nez, l'auxiliaire nécessaire de son savoir dire, avait disparu, emportant le secret de ses improvisations véhémentes. Et ce fut un vrai désastre. Il était irrémédiablement coi, béant, aphone, imbécile. Madame de Lissac le regardait avec un douloureux étonnement où la pitié donnait la réplique à la surprise. Tout à coup, craignant qu'il ne fût incommodé, elle se leva une fois encore. Du coup, le mystère fut éclairci. A la place que quittait son copieux séant, le pince-nez sur lequel elle s'était assise un instant auparavant, grimaçait affreusement déformé.

Très confuse, elle demanda immédiatement pardon à M. Pistache de cette distraction malheureuse.

Mais celui-ci, avec un feint enjouement :

— Oh ! chère madame, ne faites pas attention : il en a vu bien d'autres !

SAGESSE

SAGESSE

Que l'ombre du doux Verlaine me pardonne de lui voler ce titre. Hélas! La confusion sera impossible entre mon modeste conte et les beaux vers qu'il a publiés sous cette épigraphe. Heureux ceux qui, comme lui, surent n'être que des poètes! ils ont pu ne parler que de leurs tendresses et de leurs rêves, et jamais ils n'en ont été réduits à s'intéresser aux petits épisodes bourgeois dont la vie ambiante est faite et dont il nous faut faire la gaieté ou le pittoresque de nos récits cruellement humains. La sagesse dont il s'agit ici n'est pas le retour de l'enfant prodigue aux consolatrices croyances du passé, mais simplement la benoîte vertu de modération qui épargna, l'an passé, aux époux Capoulade, les horreurs d'une tragédie conjugale, ce qu'on est convenu d'appeler, dans les journaux : un drame de l'adultère.

Le nombre diminue, Dieu merci ! et la loi achèvera d'y mettre bon ordre, en rayant du nombre des droits du mari celui de l'assassinat, des gens qui voudraient la vie pareille à ces sombres fantaisies eschyliennes où l'antique Fatalité accumulait les horreurs, et emplissent les gazettes des fureurs d'époux outragés et impitoyables. Sganarelle renonce à devenir tragique, sans que le véritable honneur ait à en souffrir. On se demande comment la civilisation nous avait conduits à ces mœurs féroces qui cachaient un couteau ou un revolver dans les cadeaux de noce. Morbleu ! Les hommes ne furent pas institués, longtemps avant la garde nationale, pour s'entre-déchirer comme des fauves, sous le fouet des passions sauvages, pour rugir des outrages et mourir dans des guet-apens. Cette fâcheuse habitude, qui conduit devant les tribunaux un tas de fous sanguinaires, lesquels auraient pu occuper beaucoup mieux leur temps, est la suite d'une série de malentendus. Soyez convaincus que si les gens le voulaient bien, — et c'est la sagesse que je leur conseille, — la vie ressemblerait beaucoup plus à une idylle qu'à un mélodrame, ce qui serait un avantage manifeste pour tout le monde, excepté pour les avocats. Mais il resterait à ceux-ci la politique, où les gredins ne chôment jamais. Tenez pour certain que la compagnie du berger Tircis et de son collègue Ménalque est infiniment plus agréable que celle des Atrides. Affaire de s'entendre et de prendre, une bonne fois, le parti de bannir des mœurs communes l'élément farouche, pour envisager les choses et les accomplir conformément à la règle salutairement prosaïque du bon sens. *Ne irascimini et nolite peccare*, dit l'Ecriture, un vieux recueil dont je n'ai pas à faire l'éloge.

N'allez pas croire, au moins, que je conseille aux maris une complaisance toujours suspecte. Non. Mais seulement aux femmes, qui ont à se venger, la tranquillité et l'adresse dans la façon de le faire, si bien que la paix continue à fleurir sur les ruines encore aimables de la fidélité. Ainsi fit madame Capoulade et je suis sûr que vous l'approuverez comme moi.

Ah ! ça n'avait pas été tout seul au début. Les mauvaises humeurs et les criailleries n'avaient pas manqué aux trois premiers mois du ménage. Bonnes gens cependant tous les deux : lui, le Capoulade, tout à fait bonasse et enclin seulement à céder à ses amis par faiblesse ; elle, pleine de bon sens, d'un esprit solide, et bourrée de vertus domestiques. C'était pitié de voir tant d'éléments de bonheur gâtés par le Destin, lequel n'est, vous le savez comme moi, qu'un pseudonyme de la bêtise humaine. Monsieur avait eu les premiers torts. Il aimait le jeu, — non pas, s'il vous plaît, le gros jeu où l'on se ruine, — mais la simple manille ou le domino à quatre auquel il avait de grandes prétentions. Il y avait dix ans qu'au café Albrighi, le Tortoni toulousain au temps où nous avions un Tortoni, ses amis Gafaroth, Montséant et Rodamour l'attendaient à neuf heures ; trois gaillards à qui une santé de fer permettait une régularité parfaite dans la vie, pouvant d'ailleurs prolonger leurs veillées autant qu'il leur plaisait dans une ville où l'on ne dort guère la nuit, Gafaroth étant veuf, Montséant judiciairement divorcé et Rodamour célibataire. Si bien que l'aube aux doigts d'argent avait souvent surpris nos enragés sur un double six culotte. Durant le premier mois de son mariage, Capoulade leur avait faussé cyniquement compagnie, mais, dès le second mois, il reprit doucement ses habitudes et, comme je l'ai dit, ce fut tout d'abord un véritable enfer dans la maison, madame Capoulade trouvant fort mauvais de passer une partie de ses nuits seule, ce pourquoi elle ne s'était certainement pas mariée. Car c'était une belle personne, en la fleur exquise de ses ans, idoine, entre toutes, aux très légitimes félicités que l'hymen comporte, avec deux soleils noirs dans les yeux et une belle rose épanouie, très rouge, sur les lèvres, de belle et abondante complexion, ce qui rendait sans excuse le peu d'empressement que son mari témoignait à lui tenir compagnie, une fois le soleil couché. Il était tout naturel et presque moral qu'elle se vengeât, tout ensemble, de cet injuste abandon et cherchât ailleurs la destination des trésors de tendresse si stupidement perdus. Mais Capoulade ne plaisantait pas avec le nom jusque-là impollué de ses aïeux et nous voilà sur le chemin d'un de ces drames dits de l'adultère dont il serait si précieux de voir disparaître la mode parmi nous. Heureusement que la sagesse inspira madame Capoulade, comme vous l'allez voir !

Le jour même où sa résolution fut prise, elle redevint d'une charmante humeur. Capoulade rentra fort tard, sans qu'elle lui fît la moindre observation aigrelette. Comme il avait gagné justement aux dominos, il trouva, plus heureux que Titus, que cette journée-là avait été une des plus belles de sa vie. Gafaroth, Montséant et Rodamour étaient partis furieux de leur déveine. Capoulade en riait encore entre ses draps où franchement il eût trouvé mieux à faire. Et le lendemain, encouragé, il put rentrer plus tard encore sans en éprouver le moindre reproche. Le troisième jour seulement, madame Capoulade lui dit, avec un sourire d'une cordialité imparfaite et qui aurait dû lui donner à réfléchir : — « Prenez garde, mon ami. Je ne vous prends pas en traître. Une de ces nuits, je vous laisserai à la porte. » Cette hypothèse invraisemblable l'amusa d'ailleurs d'autant plus qu'il avait un passe-partout.

Eh bien ! elle se réalisa tout de même.

Cette nuit-là, il n'était pas moins de trois heures aux horloges publiques, — car Capoulade avait toujours grand soin de faire retarder les pendules de la maison — quand il tenta de glisser, sans bruit, sa clé dans la serrure, pour ne réveiller personne. Mais, à son grand étonnement, la clé refusa d'entrer dans sa gaine accoutumée. Madame Capoulade, qui pensait aussi à tout, y avait glissé un clou, ce qui était infiniment plus économique que de faire changer la serrure, et surtout moins compromettant. Le pauvre diable, après s'être escrimé vainement contre l'huis récalcitrant, fut bien obligé d'y frapper pour se faire entendre. Mais, si fort qu'il cognât du poing et même de la canne, on commença par ne lui pas répondre de longtemps. Enfin, madame Capoulade, en fort élégant peignoir, les cheveux rapidement ramassés au-dessus de la nuque, apparût à la fenêtre.

— Ah ! c'est vous ! fit-elle avec un étonnement délicieux.

— Oui, c'est moi, ma mie, et je vous serais fort obligé de me venir ouvrir, puisque vous avez jugé à propos, je ne sais pourquoi, de donner congé aux domestiques ce matin.

— Mon ami, répondit-elle très simplement, vous avez oublié ce que je vous ai dit souvent.

— Et quoi donc ?

— Qu'un jour, ou plutôt une nuit, je me fâcherais et vous laisserais à la porte. Eh bien ! cette nuit-là est arrivée.

Ah ! si le vent d'autan, qui balayait tous les bruits, en même temps que les feuilles mortes, n'eût pas soufflé, et que son ouïe eût été plus fine, Capoulade eût entendu un double éclat de rire, à peine contenu, derrière la croisée, que referma gravement sa femme, après la signification de cet arrêt.

Lui aussi, d'ailleurs, fut extrêmement raisonnable.

Au lieu de se ruer comme un furieux sur la porte, pour l'enfoncer — tel un bélier qu'il était devenu — et d'ameuter la rue endormie par un inutile scandale, il prit le parti héroïque de retourner au café Albrighi dont il avait laissé la petite porte encore ouverte. Il ne soupçonnait pas le bonheur qui l'y attendait sous les espèces de Gafaroth, Montséant et Rodamour qui y étaient rentrés aussi pour se jouer, l'un à l'autre, la culotte qu'ils avaient précédemment reçue en commun. Jamais revenant ne fut si bien accueilli et, toute rancune oubliée, il conta à ses trois amis ce qui venait de lui arriver. Tous les trois trouvèrent la chose infiniment plaisante, sans chercher au delà.

— Ça, disait Capoulade, déjà remis au jeu, je ne peux pas me plaindre. Elle m'en avait bien averti.

— Et tu ne l'as pas volé, lui répondirent en chœur Gafaroth, Montséant et Rodamour.

Moi aussi je trouve qu'il n'avait pas volé ce qui lui arrivait.

Mais quelle admirable femme que cette madame Capoulade qui avait trouvé cet euphémisme charmant pour annoncer, à un mari, son malheur, et chasser tout côté offensant de cette aventure dont la paix de la maison ne fut pas même un instant troublée.

FÊTE GALANTE

FÊTE GALANTE

I

Dans le paysage bleu de l'Adriatique, et tendant son pied de marbre au flot qui y venait poser ses palmes d'argent, le superbe palais étendait sa haute colonnade, et, sous ses dômes étagés que le soleil baignait d'or étincelant, les générations avaient connu tous les souvenirs de la gloire et tous les souvenirs de l'amour. Le dernier représentant de l'illustre race n'avait pas déserté sa tradition familiale. Il avait aimé la guerre et il aimait encore le plaisir. Comme aux temps anciens, il exerçait des hospitalités magnifiques dans les grandes salles qu'avait décorées Véronèse, au son des musiques langoureuses, dans le parfum des fleurs venues de loin et mourantes sous la tiédeur de l'air sonore.

Aussi, tout ce qui restait de noblesse dans le pays où l'on en compte le plus encore s'empressait aux fêtes de ce somptueux amphitryon où l'on dansait après avoir dîné et dont l'inépuisable fantaisie donnait un attrait nouveau à chacune de ces aimables solennités.

C'était bal costumé, cette nuit-là, avec des orchestres bohémiens faisant gémir les cordes avec des désespérances d'exil et, tour à tour, des gaietés soudaines de l'archet, et cachés derrière d'immenses massifs de camélias qui semblaient eux-mêmes, aussi, des fleurs musicales. Tous les déguisements étaient complétés par le loup traditionnel de velours noir qu'on ne devait enlever que fort tard et seulement dans le tête à tête qui, pour chaque couple, est comme un port après ce brouhaha et cette tempête. Et très consciencieux, les invités se soumettaient à cette rigoureuse consigne, demeurant inconnus les uns aux autres. Et c'était, sous le scintillement des girandoles, un éblouissement d'épaules aussi anonymes que nues, un ruissellement de chevelures brunes et blondes également inconnues, l'éclair inoubliable de sourires, s'adressant à l'espace, comme ceux de la lumière. Et, de ce parterre vivant, montait un grand arome de décolletage dont les sens des jeunes hommes étaient absolument grisés. Au dehors, des fenêtres éclairées, des clartés tremblantes descendaient dans l'eau et, comme des feux follets, semblaient y poursuivre la tranquille image des étoiles, zigzags rouges acharnés après ces rayonnements d'or. Et le bruit des rames annonçait l'arrivée de nouveaux hôtes, avec un égrènement de perles que la lune changeait en gouttes d'argent.

Et personne ne pouvait se vanter de mettre un nom sur tous ces visages soigneusement voilés. Une seule était reconnue de tout le monde, la belle princesse Maffioli.

II

De quoi qu'elle l'enveloppât, en effet, comme un astre qui se voile de nuées, sa beauté resplendissait au travers et l'*incessu patuit Dea* du poète semblait avoir été écrit pour elle. Ne montrât-elle, comme Phébé apparaissant derrière une colline, qu'un bout de son épaule, il s'en dégageait comme une splendeur de marbre antique, et la moindre mèche de ses cheveux, émergeant de sa chevelure dénouée, portait le volute du flot dont Vénus naissante fut roulée jusqu'à la grève. Certaines aristocraties d'origine sont si impérieuses chez la femme qu'elles les marquent comme d'un sceau indélébile. Tout était noblesse native et cachet d'immortelle beauté dans cette créature mêlée au désordre vivant des types abâtardis. Telles ces filles d'Algues, dans notre Provence, qui promènent, mélancoliques et anémiées, le type pur de la beauté grecque, dans une population de pêcheurs aux mains rudes et âcrement odorantes.

Oui, rien qu'à la voir marcher sous le long vêtement sombre constellé de pierreries qui la faisait pareille à la Nuit, tout le monde disait : C'est elle ! Et les hommages s'empressaient sur son chemin, d'autant que son époux était absent pour les choses de l'Etat, étant un homme considérable et parlant, dans les cours étrangères, au nom de son gouvernement.

Trois jeunes gens, en particulier, des plus beaux et des plus nobles, portant les plus riches costumes et dont la fière moustache se révoltait le mieux sous la dentelle, Giorgio, brun comme un fruit d'airelle, Mateo dont la fine barbe naissante était comme une brise d'or, Orlando dont le Titien eût aimé peindre les fauves couleurs, la poursuivaient d'une cour désespérée, égrenant, comme d'inutiles rosaires, les madrigaux sur son chemin et sous ses dédains polis mais réels. Et ce leur était une escrime où ils se lassaient, chacun son tour, la belle ayant toujours quelque parade prête qui s'achevait en riposte audacieuse.

Et après avoir un instant regardé ce manège, le comte d'Ischia, dans son superbe pourpoint de satin blanc, s'en alla, en haussant les épaules imperceptiblement. C'était juste au moment où la noble dame tournait le dos aux trois galants désarmés. Ceux-ci, pleins de dépit, virent le mouvement du comte. Ils l'entourèrent pour lui demander raison de son impertinence. Mais lui, avec sa belle voix mâle d'homme mûr et encore amoureux, leur dit avec une bonhomie railleuse :

— Pauvres enfants ! Si vous me laissiez faire à votre place !

Et, comme ils le regardaient, étonnés, il se mit lui-même à la poursuite de la princesse et commença de l'entreprendre, mais avec la prudence raffinée d'un tacticien ayant l'expérience des amoureuses batailles.

III

Avec un intérêt défiant mais soutenu, Giorgio, Mateo et Orlando suivirent les péripéties de la campagne, depuis la première escarmouche qui se fit dans un menuet, jusqu'à la reddition évidente de la place, la princesse ayant accepté le bras du comte pour aller faire un tour dans un salon perdu, presque obscur, connu des habitués seuls du palais et où les aventures de ce genre avaient coutume de se dénouer à la satisfaction commune des parties intéressées. Car le maître, prodigieusement prévenant, de ce palais y avait tout combiné pour le bien-être absolu de ses hôtes. Suivrons-nous le conquérant et sa conquête dans le nid de velours sombre où agonisait une lampe, donnant l'exemple aux dernières pudeurs? Ce serait nécessaire peut-être pour pouvoir affirmer, en toute sécurité, combien la victoire du comte fut complète. Et la belle occasion, d'ailleurs, de suivre les splendeurs entrevues, à cette clarté complaisante, l'ivoire des chairs fermes et polies y prenant de vivantes lueurs, et la rondeur élastique des seins se dégageant du corsage, et le bel épanouissement des hanches cambrées sur les jupes se relevant avec de sonores cassures, et l'enroulement de la lourde chevelure sur le cou renversé, et la rose pourprée des lèvres tendue à l'haleine vibrante des baisers, tout ce bel abandon d'un corps fait pour l'impérissabilité du marbre et se fondant en souplesses caressantes au souffle brûlant de l'amour. Comme, en dehors des extases qu'un tel spectacle comporte, il n'y a rien qui vaille au monde, il serait impie d'y jeter un voile pour satisfaire l'inanité des pudeurs. Rien de ce qui est vraiment beau n'est impudique. Diderot l'a fait observer très justement avant moi.

Comment cela finit-il par un coup formidable d'éventail sur les doigts, quand les étoffes somptueuses eurent été remises en place sur les belles chairs lassées, c'est ce que je ne me rappelle pas. Le fait est qu'on se quitta avec d'apparentes maussaderies que rien ne justifiait. Car le comte d'Ischia n'avait à se faire aucun reproche. Il n'était pas de ceux dont un auteur comique a dit :

On cherche ce qu'il dit après qu'il a parlé.

Il s'était exprimé dans les meilleurs termes et aucun doute n'était possible sur le sens du discours qu'il avait tenu.

— C'est aussi simple que cela, mes gentilshommes, avait-il murmuré, légèrement gouailleur, en rejoignant le groupe des trois soupirants éconduits.

— C'est merveilleux, fit Orlando.

— Tous mes compliments, continua Giorgio.

— C'est peut-être une chance ! insinua le sceptique Mateo, et une fois par hasard en passant.

— Vous vous trompez, monsieur, fit le comte qui était susceptible. Je viens de me quitter mal avec la princesse et cependant, s'il me plaisait de recommencer l'expérience, je suis sûr qu'elle ne réussirait pas moins bien. Voyez plutôt.

Et l'intrépide reprit la campagne, faisant une trouée par la foule pour se rapprocher de la princesse qui, après l'avoir fort dédaigneusement reçu, parut soudainement s'humaniser. Est-ce sur l'aile de souvenirs aimables et récents encore que leurs deux âmes prirent le même vol? Toujours est-il que leurs pas reprirent le même chemin, celui du pays du Tendre où ils avaient voyagé déjà.

IV

Il serait indiscret d'aller nous y installer encore, à leur suite, derrière les lourdes tapisseries qui les enveloppent de leur mystère, tout en laissant filtrer le regard par leur trame et passer jusqu'à l'oreille la musique des baisers. Et cependant, ce qui semble aux superficiels toujours la même chose, n'est pas, n'est jamais, pour les raffinés en amour, la même chose. C'est une des beautés sérieuses de cette institution que tout s'y renouvelle, grâce à la fantaisie divine des caresses, lesquelles sont vraiment des fées inépuisables en invention. Qui se peut vanter d'avoir éprouvé deux fois, même avec la même femme, des impressions absolument identiques? C'est ce qui doit nous rendre obstinés et persévérants en amour, comme ces nobles animaux qu'on occupe à la recherche des truffes et qui savent bien qu'il en reste toujours quelqu'une de superbe et d'imprévue à l'extrémité du filon. Fouillez! Fouillez, mes compagnons. Il y a toujours à prendre quelques plaisirs que vous ne connaissez pas, surtout si la belle est avenante et bien pourvue de ces beaux reliefs qui sont la joie immortelle du toucher.

Quoi qu'il en soit et sans insister davantage, c'est avec un petit air de triomphe parfaitement justifié que le comte d'Ischia rejoignit le concile incrédule qui, moins bien élevé que nous, était allé tenir ses assises derrière les tentures perfides de la salle où l'amour venait de souper une seconde fois.

— Je m'avoue vaincu, fit Mateo.

— Voilà une belle leçon, continua Orlando.

Et Giorgio, après un moment de réflexion :

— Je suis si émerveillé que, pour un peu, je vous prierais de recommencer encore.

Alors le comte d'Ischia prit un air de dignité offensée :

— Vous n'y pensez pas, monsieur, fit-il, et vous oubliez que le prince Maffioli, le mari de la princesse, est mon meilleur ami.

DÉLICATESSE

DÉLICATESSE

A Sylvain.

Que madame Bondéduit, en la mémorable nuit du 28 mars dernier — je précise, pour qu'on ne m'accuse de quelque invention malséante — ne fût pas couchée toute seule, c'était son droit, puisqu'elle est notoirement mariée ; mais que ce fût avec un autre que son mari qu'elle fût couchée, voilà où la morale trouve davantage à reprendre. Ces choses-là arrivent cependant et, s'il en faut croire les journaux, l'aventure est commune des dames suffisamment belles, mais insuffisamment honnêtes, qui profitent d'une absence de leur époux pour convier un galant à leur tenir compagnie. En l'espèce, ladite compagnie se composait d'un simple capitaine, le vicomte Antoine Dugué-Groin, commandant, par intérim, au 40e dragons, caserné dans la ville prochaine, et qui profitait de ses éphémères et glorieuses fonctions pour se donner des permissions à gogo. L'excuse de ce militaire, en cette adultère inconduite, est qu'il connaissait à peine de vue l'excellent M. Bondéduit qu'il venait tromper nuitamment à domicile. Or, c'en est une, assurément, et je ne trouve gens plus méprisables au monde que ceux qui choisissent leurs amis pour les déshonorer quand le reste de l'univers offre un si grand choix à leur amoureux caprice. La vérité me force, d'ailleurs, à dire que les femmes nous poussent volontiers, plus que notre propre instinct, à ce genre d'indélicatesse. La faute leur est plus commode et plus fréquente avec un familier de la maison, et les maris se méfient moins — bien à tort d'ailleurs — de leurs intimes. Fi ! que c'est là de bourgeois raisonnements et contraires au besoin de péril que comporte une tendresse vraiment chevaleresque et de quelque aristocratie sentimentale !

Mais revenons à la compagnie que tenait, en cette nuit précédant le dernier dimanche des Rameaux, — au lieu de commander la sienne, — le capitaine-commandant Antoine Dugué-Groin à madame Bondéduit, fort imprudente en cette occasion. Car le sieur Bondéduit, en voyage d'affaires commerciales, — il était tanneur de son état — avait annoncé son retour pour les premiers jours de la semaine sainte dont on abordait le seuil tout empanaché de branches de buis ; et elle pouvait compter sur la tendresse de cet imbécile époux pour hâter son arrivée. Une jolie façon de faire votre salut, madame, et un beau profit tiré par vous du Carême, prêché dans votre paroisse par un missionnaire espagnol de haute piété et de persuasive éloquence, l'abbé Lothairo, célèbre jusqu'à Paris ! Certes, notre Bondéduit hâtait le placement de ses peaux pour retrouver plus tôt le lit conjugal indignement profané. C'est au point qu'ayant terminé le samedi, à deux heures de l'après-midi, il avait pris le train arrivant à la station voisine à cinq heures du matin, bien qu'il fût le plus incommode du monde et le forçât à faire à pied cinq bons kilomètres, son bagage à la main, pour rentrer chez lui.

Dans le silence matinal que traversaient à peine quelques appels d'oiseaux dans les branches à peine ourlées d'un frisson de verdure, madame Bondéduit, qui avait mieux à faire, paraît-il, qu'à dormir, reconnut, résonnant sur la route sèche, le pas de son mari et faillit se trouver mal de terreur quand elle entendit distinctement la clef qu'il plantait dans la serrure.

— Sauvez-vous ! Sauvez-vous ! dit-elle au capitaine qui sauta du lit en courant par la chambre comme un fou.

Et elle continua :

— Partez et cachez-vous, en haut, dans l'escalier. Je vais vous jeter vos habits par la fenêtre.

Le larron d'honneur obéit et eut juste le temps de monter quelques marches, heureusement en limaçon, au sortir de la chambre où, une seconde après, M. Bondéduit faisait une entrée discrète, sur la pointe des pieds — ô naïf mari ! — pour ne pas réveiller sa femme, au moins autrement que par de longs et fervents baisers. Dans ce court intervalle, celle-ci avait eu le temps, fidèle à son programme, de précipiter par la croisée, dans le chemin désert à cette heure, la défroque de son galant qui, fort heureusement, était venu en civil. Car vous entendez d'ici le vacarme qu'auraient fait ses bottes d'ordonnance et son grand sabre de cavalerie en tombant sur la terre dure et sonore ! Tout semblait donc sauvé et le capitaine n'avait plus qu'à attendre que le mari, lassé du voyage, s'endormît, pour s'évader tout doucement et reprendre ses vêtements au vestiaire improvisé que lui faisait le chemin. Il continua donc de se tenir coi, dans la cage supérieure de l'escalier, grelottant d'ailleurs en sa chemise dans laquelle soufflait, par une lucarne trop haute pour qu'il la pût fermer, le vent matinal où passaient encore quelques aiguilles de givre. Le plaigne qui voudra. Ces menus inconvénients de l'adultère sont une revanche légitime des pauvres cornards et qui prouvent l'intérêt que prend la Destinée à la sainte institution du mariage.

Or, pendant qu'il guettait ainsi le moment favorable pour réintégrer sa garde-robe, une chose étrange se passait sous la croisée qui avait donné passage à celle-ci. Au village tout voisin, où sonnait déjà l'Angélus dominical dans une joyeuse envolée de cloches annonçant la grande fête, vivait un homme très pauvre et très pochard, — l'un mène à l'autre en ces deux méchants états, — qu'on appelait le père Anselme et qui, les veilles de solennités carillonnées surtout, ne manquait de passer sa nuit à boire avec quelques autres galvaudeux de son espèce. A cette misère méritée près, un bon diable ne manquant pas de piété et qui, en la circonstance, venait de gloser, son verre en main, au cabaret, et des larmes homéliques dans les yeux, sur les sermons de l'abbé Lothairo, dont il n'avait pas manqué un seul avant d'aller prendre ses chopines.

— Parbleu ! lui disait le gars Mistouflet, un libre penseur paysan fort bête, puisque tu crois en Dieu, maintenant, tu devrais bien lui demander de t'envoyer d'autres habits; car les coudes de ta veste sont percés, ton gilet n'est qu'une loque et ta culotte est trouée au mauvais endroit, si bien que tout le monde se fiche de toi et s'écarte sur ton passage, tant tes vêtements crasseux sentent mauvais.

Et le gars Mistouflet, pour être libre penseur, ne mentait d'un mot en ce discours.

— Certainement, que je lui demanderai! répondait Anselme, délicieusement ivre, en levant les yeux au ciel, de petits yeux gris tout mouillés, comme les ont les vieux ivrognes.

Et on s'était séparé sur ces propos incohérents, et Anselme, titubant, avait repris son chemin dans la rosée qui emperlait le rubis monstrueux de son nez, comme de petits diamants autour d'un cabochon, et, stupidement, tout en se cognant aux murailles pour regagner sa maison, marmottait la prière que lui avait conseillée le gars Mistouflet, implorant Dieu qu'il lui renouvelât sa défroque par quelque miracle.

Et le miracle se fit, ou du moins sembla se faire. Car au moment précis — ce qui indique bien la complicité bienfaisante de Dieu — où il passait devant la maison du sieur Bondéduit, un complet très élégant et tout neuf — parbleu! celui du bon capitaine Antoine Dugué-Groin — lui tombait du ciel ou, du moins, semblait en tomber, par la croisée de la chambre adultère.

Ah! le père Anselme faillit tomber à la renverse de surprise et de ravissement. L'abbé Lothaire avait bien raison de dire que la bonté du Seigneur est ingénieuse autant qu'infinie! Après avoir exhalé, à genoux, une action de grâces véhémente vers le Très-Haut, il ne tarda pas un instant de plus à mettre à profit la bonté divine. En un clin d'œil, il eut dépouillé ses loques fangeuses qu'il laissa sur place, se disant qu'un plus malheureux encore que lui, peut-être, en profiterait, et, moins de dix minutes après, vous l'auriez pu voir, marchant comme un marquis, un joli petit chapeau rond sur l'oreille, rebroussant chemin pour aller faire de reconnaissantes dévotions à l'église, où les premiers buis se dispersaient aux mains des servantes venues à la première messe que les cloches sonnaient dans un ciel déjà rouge d'aurore ponctué, aux environs des grands arbres, par le vol circonflexe des corneilles.

Cependant, le capitaine, ayant entendu ronfler dans la chambre du dessous, pensa qu'il pouvait maintenant descendre sans inconvénient. Il le fit, comme il convient à un galant discret pris en maraude conjugale, sur la pointe de ses pieds nus, et ouvrit la porte sans en faire grincer les gonds, précaution qu'il prit encore pour la repousser du dehors. Sa surprise, d'ailleurs, ne fut pas mince, quand il trouva, au lieu de ses propres habits, sur le seuil, un hideux paquet de haillons que dominait un chapeau défoncé. Il s'en éloigna d'abord avec dégoût. Mais il faisait grand jour maintenant et, de loin, de très loin encore, heureusement, on apercevait des gens, sur la route, qui passaient là pour aller chercher le rameau bénit qui met un peu de bonheur à la tête des lits. Et une petite bise soufflait qui lui levait, malgré lui, le pan de l'unique chemise dont il était nanti, et l'enflait à la façon d'une voile. Impossible de demeurer ainsi sans attenter à la morale publique. Lui, un gardien armé de nos lois ! Donc, tout en maugréant, en sacrant, en secouant ses doigts avec horreur, force lui fut d'endosser les nippes monstrueuses de l'ivrogne, la veste aux coudes percés, le gilet effiloqué comme un paquet de varechs, et de se glisser dans la culotte déchiquetée, voire de coiffer l'accordéon muet qui prenait jour, par le haut, comme un tuyau de cheminée.

En cette tenue, si peu d'ordonnance pour un officier fashionable, il s'éloigna, se disant qu'il trouverait bien au village des habits neufs de paysan à acheter. Mais je t'en moque ! Toutes les boutiques étaient fermées et, — merveilleux effets de la retraite prêchée par l'abbé Lothairo, — pas un négociant de l'endroit n'eût vendu, ce dimanche-là, un fétu pour un empire. Désespéré, il retourna en arrière pour regagner la station par quelque sentier perdu.

Mais il n'avait pas fait cent pas que M. Bondéduit, donnant le bras à sa femme, laquelle portait un gros livre de messe sous le bras, lui apparut sur le chemin, tous les deux devisant avec infiniment de belle humeur, tout en se rendant à la messe. Humilié jusqu'aux moelles d'être vu par sa bonne amie en cet état, le capitaine se rangea, en baissant la tête, le long du fossé. Mais M. Bondéduit, heureux d'être rentré chez lui, enchanté de sanctifier les Rameaux et voulant commencer sa journée par une œuvre agréable à Dieu, pris d'ailleurs de pitié pour ce pauvre diable si misérablement loqueteux, tira gravement un décime de sa poche et, s'avançant vers le vicomte, voulut, à toute force, le lui fourrer dans les mains.

— Ah! ça! non! non! non! monsieur! protestait le gentilhomme en repoussant cet injurieux salaire de ses travaux, pendant que madame Bondéduit riait aux larmes.

Et le décime s'en alla rouler dans la gueule d'un crapaud qui bâillait justement, le derrière dans les roseaux, au bord du fossé, ce qui fit faire cette remarque mélancolique au capitaine, amateur de tous les sports, même familiaux :

— On voudrait faire ça au tonneau, qu'on n'y arriverait pas.

M. THOMAS

M. THOMAS

En attendant le moment du départ du premier train pour Paris, mon cicerone — un aimable garçon d'une vingtaine d'années dont j'avais été voir, en passant, la famille autrefois amie de la mienne — me fit les honneurs de la petite ville, de son hôtel municipal majestueux comme une caserne, de sa maison d'école faite pour un millier d'enfants et qu'une vingtaine d'élèves emplissaient mal, et — ce qui me charma davantage — du beau pont traversant la Seine admirablement large, en cet endroit, et roulant, par ces caniculaires journées, un flot d'or étincelant entre ses rives souriantes. La vieille église romane eut notre visite ensuite. En la longeant, par un chemin montant, on arrivait au cimetière dominant le paysage, très boisé et très fleuri, avec des rosiers grimpants qui rejoignaient les tombes et des oiseaux qui couraient par les allées en poussant de petits cris à peine effarés. Le mortuaire jardin était d'une mélancolie relative, et il fallait y avoir pleuré soi-même pour en ressentir la tristesse. Tous ces trépassés, anonymes pour moi qui ne les avais pas connus, me semblaient plutôt enviables dans la douceur de ce repos, dans la paix de ce parterre. Quand mon jeune guide arriva devant les mausolées de sa race, il me fit complaisamment l'historique de chacun de ses occupants et me fit remarquer de quelle piété ils étaient encore entourés. Les fleurs en avaient été renouvelées et les inscriptions funéraires, toutes d'un caractère affectueux et d'une bienveillance posthume vraisemblablement excessive, avaient été grattées à neuf de façon à être facilement lues par les passants. Décidément, mes parents fréquentaient une meilleure compagnie que moi. Rien que des époux excellents, des femmes irréprochables, des citoyens vertueux, des parents dignes d'éloges dans cette famille dont ils m'avaient légué le souvenir et recommandé de visiter, à l'occasion, la descendance. Avec complaisance, le jouvenceau insistait sur les perfections des différents membres de sa souche originelle dont lui-même me semblait d'ailleurs digne, ayant les allures d'un garçon infiniment raisonnable et au-dessus des entraînements où j'avais moi-même mal employé ma lointaine jeunesse.

Car nous avons une génération de fils et de neveux qui descendent plus directement de Tiberge que de Des Grieux et du chaste Caton que de nous-mêmes. Oh! les petits jeunes gens raisonnables et que le souci de leur carrière absorbe tout entiers! Pendant que j'en admirais les vertus, mes yeux tombèrent sur une tombe, faisant évidemment partie, par le voisinage, de cette collection de défunts d'un même sang, et complètement exempte des honneurs accumulés sur toutes les autres de même provenance. Rien que le nom, sans aucune épithète louangeuse, sur la pierre dont aucun bouquet, même fané, n'adornait la grille rouillée. Ce paria s'appelait: « Thomas » et n'avait certainement eu aucune qualité. Mon cicerone détourna, d'ailleurs, rapidement son regard de ce misérable tombeau en me disant : « Ne faites pas attention. C'est un grand-oncle maternel qui avait mal tourné. »

Ah! curieux entêtement de l'esprit dans la contradiction! De tous ces morts estimables, aucun ne m'intéressait plus et je n'avais de sympathie que pour ce « Thomas » méprisé, que pour ce trépassé sans couronnes! C'est bientôt fait de dire que les gens ont mal tourné ! C'est un compliment dont on ne m'a pas privé pendant un bon quart de ma vie, celui certainement où je fus le plus heureux. Alors, c'est vraisemblablement la jalousie qui vous vaut cet outrage commode. En quoi ce « Thomas » sans épitaphe avait-il mal tourné ? Je sentais bien que j'ennuierais mon guide en lui en parlant, mais c'était plus fort que moi. Ce « Thomas » inspirant à ses petits-neveux une si parfaite horreur me hantait. Je mordais des liserons pour me donner une contenance, pour occuper ma langue impatiente. Enfin, je n'y tins plus.

— Votre grand-oncle maternel Thomas, demandai-je à brûle-pourpoint au jeune homme qui me contait précisément les mérites d'une demoiselle Brigitte, sa cousine du côté paternel, morte en si évident état de sainteté que des miracles s'étaient faits sur sa pierre, avait-il donc fait quelque gros péché ?

Il me répondit :

— Ce fut un fainéant qui se ruina avec des drôlesses et ne nous laissa qu'un mauvais renom.

Et, tout de suite, il me proposa de sortir du cimetière pour m'éviter d'en parler davantage.

D'ailleurs, le train pour Paris allait partir, et le temps me restait seulement de remercier mon compagnon, que j'avais décidément froissé ; car son adieu fut sans aucun abandon affectueux. Un instant après, le train s'ébranlait, le jour déclinant, et la tiédeur exagérée de ces dernières journées de juin courant continuant à sévir, le soir, dans les wagons, malgré la double portière ouverte. Par bonheur, j'avais un coin, et pus m'y étendre dans un demi-sommeil que le mouvement du train commença de bercer, et bientôt un rêve mit ses clartés troublantes et menteuses sous mes paupières baissées, que traversaient, dans leur transparence veinée, les dernières clartés rosées du jour. Et c'est comme je vous le dis : en ce songe, où je me sentais conduit par la fatigue, la chaleur et les impressions du jour, je fis connaissance avec ce « Thomas » que je n'avais jamais vu, et qui, décidément, était bien l'homme que je pressentais selon mon cœur : d'un aspect un peu fatigué, mais très doux, il parlait d'une voix où l'humanité vibrait encore avec un accent toutefois de sagesse et d'autorité très particulières. Et, pour détruire, sans doute, la mauvaise impression que son sacrilège petit-neveu avait dû laisser de lui dans mon esprit, voilà les paroles douloureusement sensées qu'il me dit :

— « On m'a reproché, dans ma famille, de n'avoir rien fait, parce que j'avais aimé toute ma vie ! Eh bien ! ceux qui traitent de paresseux les gens dans mon cas en parlent joliment à leur aise. Je ne sais pas de carrière plus occupée que celle que j'ai, volontairement d'ailleurs, choisie, et qui comporte moins de diversions. Presque tous les fonctionnaires de l'État, sinon tous, jouissent d'un congé annuel d'un mois au moins. Jamais il ne viendra à l'idée d'un homme qui aime de demander trente jours de non-activité périodique à qui de droit. Donc, au point de vue de la continuité studieuse, j'ai été supérieur aux fonctionnaires les plus estimés de leurs chefs. A la rigueur, un employé, même consciencieux, peut détourner quelques heures de son temps pour les donner à sa bonne amie. Mais celui qui a choisi la rude profession d'amoureux n'est jamais sûr d'être exact à quoi que ce soit et, par suite, ne peut se payer le luxe de toucher des émoluments à un bureau. Jamais ses supérieurs ne le prendront au sérieux.

» Un fainéant, celui qui aime ! Ah ! famille inique et injustes amis ! C'est à faire bondir ! Mais il n'est pas de bénédictin autrefois, pas de savant aujourd'hui, pas de Bollandiste et de professeur au Muséum qui se puisse vanter d'être aussi complètement possédé par ses chères études que le malheureux qui veut plaire à une rebelle et, jour et nuit, s'évertue à lui prouver qu'elle doit le payer de retour.

» Ne pas l'avoir plutôt quittée qu'on cherche comment on l'abordera, le lendemain, par quelque surprise qui nous vaille un sourire ! Courir comme un fou pour chercher — même au bout du monde — une fleur qu'elle préfère aux autres ! Ecrire fiévreusement des vers qu'elle ne daignera peut-être jamais lire ! L'attendre sous la pluie quand son caprice est de ne venir que longtemps après l'instant promis ! Suivre comme un insensé la voiture où l'on a cru l'apercevoir ! Faire des lieues pour la voir passer seulement de loin ! Et ils appellent ça une sinécure ! Vous vous êtes fait, messeigneurs mes proches, une étrange idée de l'oisiveté ! J'ajouterai que jamais, au grand jamais, moi qui ai connu des bureaucrates, je n'ai vu le fonctionnaire le plus zélé passer des heures, au clair de la lune, devant la fenêtre de la pièce où son rond de cuir, soulagé, ne pense plus à lui ; tandis que nous, amoureux, nous sommes prêts à attendre des nuits entières qu'un bout de rideau se soulève, tout en sachant bien que nous sommes oubliés... sinon trompés. Braves gens, qui donnez vos journées à l'État, un peu de pitié pour les vrais forçats de la vie ! Nous sommes les pionniers infatigables, ceux qu'aucune déception ne décourage, ceux dont aucun déboire n'altère l'inébranlable dévouement à ce maître unique qu'est la Beauté ! Et nous n'avons pas de retraite, nous, au bout de trente ans de ce labeur. Notre retraite, à nous, c'est la risée des belles filles pour nos têtes chauves ; c'est l'indifférence railleuse de la femme aux rides qu'elle-même a mises à notre front.

» Aimer ! aimer ! la plus laborieuse des carrières ! le plus impitoyable des métiers ! Et jamais on ne nous élève de statues, et les orphéons passent, sans nous nommer, aux comices où le nom des ingénieurs, des inventeurs, des militaires, des politiciens et des fesse-mathieu est célébré en musique. Notre devise, à nous, est :

» Travailler sans relâche et mourir sans amour !

» Et nos petits-neveux nous reprochent encore de ne leur pas laisser une immense fortune péniblement amassée à emprunter de l'argent !... »

— Les Mureaux ! Les Mureaux !

C'est l'employé qui crie une station et me réveille. Ce bon M. « Thomas » a disparu. Mais je retournerai dans la petite ville, et, en me cachant soigneusement de ses infâmes proches, j'irai porter, sinon de grands lys paresseux, des roses fraîchement éplorées, sur sa tombe déserte ; et, en avant de son nom, de la pointe de mon couteau, j'écrirai : « Saint », et au-dessous : « Martyr ! » Ça leur fichera une bonne leçon.

ILLUSIONS

ILLUSIONS

C'était hier, à une heure si prodigieusement matinale que les premiers cyclistes n'avaient pas encore troublé la sérénité du Bois. Car il faut maintenant devancer l'aube pour échapper au zigzag de leurs roues et à la sempiternelle messe que sonnent leurs grelots. Triste temps pour les rêveurs comme moi qui, il y a quelques années encore, y trouvaient, à deux pas de Paris, une façon de solitude où les rimes venaient prendre leurs ailes d'or à nos gluaux, cependant que de mignons écureuils couraient dans les sapins. Avant le petit lever de l'aurore entr'ouvrant ses rideaux roses, j'avais donc effectué le mien pour revoir, promeneur dont les souvenirs sont la meilleure joie, mainte place où mon cœur a battu, où mes yeux se sont mouillés, où mes bras se sont refermés puis tendus dans le vide, quand de frivoles tendresses emplissaient mes jeunes destinées. Toute la nature était délicieusement complice de cette évocation du passé. Des formes, argentées par les brumes, glissaient dans les ombres et emportaient, derrière les saulaies, l'image des Galatées trop tôt enfuies ; le réveil des oiseaux dans les branches sonnait les voix claires des anciens rires sur les lèvres trop tôt ravies ; les volubilis, encore fermés, ne filtraient qu'un parfum très doux comme celui des roses défleuries. Tout un monde d'absentes chères m'enveloppait comme d'un frôlement d'ailes. En cet enchantement, je descendis jusqu'à un coin du lac auquel ma mémoire est demeurée particulièrement fidèle, et j'y revécus toute une soirée, en quelques minutes matinales, dont le crépuscule était aussi doux que celui d'un couchant et rappelait les quatre vers exquis de Verlaine :

Une aube affaiblie
Verse, par les champs,
La mélancolie
Des soleils couchants.

Une soirée dont tous les détails me reviennent dans l'esprit, à la fois passionnés et bouffons, si bien que je vous en veux faire la confidence lointaine.

La bien-aimée d'alors m'avait attendu à une de ces stations du chemin de fer de Ceinture qui vous descendent en pleine verdure. Deux pas, et nous étions en plein paysage ! Elle avait pris mon bras en m'appelant : Méchant ! sans savoir d'ailleurs, du tout, pourquoi, mais en se recroquevillant contre moi, faussement frileuse sous le premier frisson de la nuit. C'est qu'on était déjà en automne. Le couchant rose était découpé par les silhouettes des arbres, et une mélancolie très douce se dégageait de cette nature alanguie sur le seuil doré des déclins. Peu de monde dans les allées, et déjà, sur le gazon ras, une nappe humide et blanche comme pour un dîner de farfadets. Aucun bruit. En approchant du lac, cependant, le coucher des cygnes, qui ne chantent qu'avant de mourir et se contentent, avant le sommeil, de secouer une dernière fois leurs lourdes ailes. L'eau était comme une coulée d'argent sombre. Et je vivais vraiment dans un rêve éperdu, tout un monde s'étant éveillé en moi, lequel n'était même pas le mensonge de l'autre dans le flot de ma pensée, un monde imaginaire. Telle une immense bulle de savon flottant au souffle de la bien-aimée. Aussi m'écriai-je tout d'un coup, en descendant avec elle vers le large étang, dont les joncs faisaient un bruit de soie frôlée autour de nous :

— Que d'étoiles dans le ciel !

L'amie me regarda en riant. Je levai les yeux ; aucune lumière céleste ne s'était allumée encore à la voûte légèrement embrumée du firmament. Mais j'avais regardé dans ses yeux sans doute, et mille constellations avaient pris feu sous mon front. Le fait est que jamais nuit d'Orient n'avait été pareille à celle qui flambait dans mon cerveau.

— Que cette brise embaumée est tiède ! m'écriai-je encore.

— Pour le coup, mon ami, me dit-elle, je crois que vous êtes fou.

Et elle me montra, sous sa voilette, un moment relevée, les épidermiques égratignures, — telle une fouettée légère de roses, qu'un zéphyr automnal déjà coupant avait mises autour de son teint. C'est certainement que j'avais effleuré ses admirables cheveux noirs en penchant vers elle ma bouche et que tout un printemps en était sorti, avec son réveil d'odeurs enivrantes et de souffles attiédis.

Et, tout en me sentant plus heureux de la sentir plus près de moi, je me mis à penser à cette magie de l'amour qui transforme toute chose, à ce monde éternel des illusions renaissantes et dispersant, du bout nacré de leur joli pied rose, le cortège inique des réalités.

— Ah ! fit-elle tout d'un coup, quelqu'un dans le lac !

L'eau avait clapoté, en effet, assez près de nous. Mais la probabilité qu'un baigneur ou qu'un navigateur d'eau douce se fût hasardé dans le lac, à cette heure, et sous ce baiser d'octobre déjà frileux !

— Un cygne qui essaye de découcher, lui répondis-je avec une assurance qui la calma.

Et nous fîmes quelques pas encore, si bien que l'eau calme venait mourir à nos pieds.

— Cette onde est délicieusement tentante, dis-je tout à coup, et j'ai soif. Je vais en boire un peu dans le creux de ma main, comme ces soldats de Gédéon, dont le sybaritisme fut justement châtié.

Elle s'amusa beaucoup de ma maladresse à me mettre à genoux et à conserver un peu du fugace liquide entre mes doigts. Mais son hilarité fut à son comble quand je m'écriai :

— Quel grog au rhum délicieux !

Et j'ajoutai, révolté par son scepticisme gouailleur :

— Goûtez-en plutôt, petite sainte Thomate !

— Oh ! si ça peut vous faire plaisir !

J'en mis quelques gouttes à ses lèvres. C'est qu'elle ne rit plus et murmura à son tour :

— C'est vrai que ça sent le rhum et le sucre...

Mon Dieu ! mon cher, est-ce que je vous aime aussi, que je deviens aussi bébête que vous ?

La délicieuse parole ! J'en allai savourer le charme un peu plus loin, et, m'asseyant auprès d'elle, le long de l'eau toujours murmurante, je ne lui cachai plus rien du rêve toujours plus fou et plus vivant qui se développait dans ma pensée :

— Ne vous semble-t-il pas, comme à moi, chère, que ce paysage est bien celui du Bois sacré de l'admirable Puvis, à moins que ce ne soit le paysage reconstitué du jardin paradisiaque où nos premiers parents promenaient leur délicieuse ignorance de l'amour ? C'est au point qu'il ne m'étonnerait nullement de voir sortir de ce beau bouquet de frondaisons, qu'un souffle harmonieux balance, le bel archer Apollon dans sa nudité resplendissante, ou le bon Adam, notre aïeul, dans l'orgueil originel de ses formes sans vêtements...

— Ah ! mon Dieu ! fit-elle en se serrant contre moi ! Vous avez raison...

Et je faillis m'évanouir moi-même, tant fut grand le saisissement qui me rendit au sentiment des réalités : un grand diable, pas habillé du tout, non plus qu'un ver glissant dans le gazon, qui sortait d'un taillis, une bicyclette à la main, et se dressait devant nous.

— Au vol... !

J'allais crier. Mais avec une douceur impérative dans le geste et une douceur péremptoire dans la voix, ce mensonger cadavre me dit :

— Prêtez-moi plutôt vc › pardessus, monsieur, que de me faire arrêter ; je suis un homme du monde très à plaindre et je vous dirai mon aventure.

— Donne-lui donc ton pardessus, tout de suite ! s'écria la bien-aimée qui était curieuse comme Pandore elle-même et brûlait d'entendre le récit de l'inconnu.

J'obéis. Ne trouvez-vous pas que la scène prend une grandeur familière rappelant l'Odyssée ? Le quidam — j'ignorais encore son nom — se drapa dans mon paletot avec un souci de la décence qui améliora mon opinion sur son compte. Comme les antiques conteurs, il s'assit, leva un doigt et nous parla comme il suit, la bicyclette adossée au pied d'un hêtre.

— Je m'appelle Antoine Doublevent et suis rentier de mon état. J'occupe mes loisirs à tromper quelques commerçants de Passy et d'Auteuil qui m'ont, eux-mêmes, trompé sur la qualité de leur marchandise. Car, entendons-nous bien, je ne suis pas un de ces vulgaires coureurs de guilledou qui déshonorent à tort et à travers leurs contemporains. Je suis un justicier. Je ne change en Sganarelle que les citoyens indélicats dans leur industrie et dont les femmes sont jolies, bien entendu. C'était, une fois de plus, mon cas. Le lâche épicier, dont vous voyez actuellement la victime, a une moitié exquise et m'avait vendu des pruneaux à faux poids. Ça criait vengeance et je me suis vengé ! Mais lui aussi, le drôle ! Ayant simulé un faux départ, il vient de me surprendre chez lui, sans chemise, m'a cassé sur les reins une bouteille de vieux rhum et m'a assis brutalement dans un tonneau plein de cassonade. Heureusement, j'ai pu sauter sur cette bicyclette et lui échapper. D'une traite, je suis arrivé ici et me suis plongé dans le lac...

— Ah ! mon Dieu ! fit la bien-aimée en pâlissant... C'est vous que tout à l'heure ?... là, tout à côté... ce grog que nous avons bu... ?

— C'est moi, madame, fit Antoine Doublevent avec humilité.

Un instant après, nous étions amis ; tant de franchise avait gagné notre cœur. Il nous avait menti comme un chien. Car, un mois après, il était avec la bien-aimée dont son académie avait fait la conquête, au lever de la lune, et, cependant, je jure que je ne lui avais pas vendu de pruneaux à faux poids !

UN HÉROS

UN HÉROS

Elles sont rares, aujourd'hui, les maisons parisiennes possédant un semblant de jardin. Malgré les objurgations du bon poète Charles Frémine, dans la grande et ingrate cité, les arbres sont poursuivis bien plus impétueusement que les malfaiteurs, et le fer, qui respecte tant d'assassins avérés, se rue sur les innocents platanes, les marronniers majestueux, les hêtres aux bienfaisants ombrages. C'est la chasse au Pan citadin, dieu tranquille qu'épouvante le vacarme des jardins publics et des squares, hôte mélancolique des derniers bourgeois se livrant encore à des cultures, dans un coin de terre enfermé de murs, mais où quelques laitues croissent encore entre quelques pommiers. Dans la rue de Vaugirard, cependant, on trouve encore des rez-de-chaussée avec jouissance d'une façon de jardin. Mon ami et compatriote Peyrolade était dans ce cas et aussi son voisin, l'explorateur Gribius, leurs deux parterres étant séparés par une cloison de pierre, qui les empêchait de voir l'un chez l'autre, si bien qu'ils ne se connaissaient pas.

C'était un garçon de talent, mon ami et compatriote Peyrolade. Comme sculpteur, il aurait certainement réussi, même à l'ombre de la gloire de Falguière déjà illustre, en ce temps-là, s'il n'eût emporté, de Toulouse, un fonds de paresse plus considérable encore que ses dons naturels pour l'usage plastique de la gloire. Mais, à cette occupation dispensatrice de renommées, il préférait infiniment les cigarettes fumées pendant le *farniente* méridien, les longues causeries dans les cafés, et l'entretien cependant stupide de sa maîtresse Michelle. En voilà une qui manquait de génie ! Mais elle le remplaçait par une aimable abondance de ses charmes, une belle tête de type latin comme nous les aimons, un appétit contagieux par son entrain, et un détestable caractère, Xantippe illégitime du garçon ressemblant le moins du monde à Socrate. Peyrolade qui avait, lui, de l'esprit naturel, ne se faisait aucune illusion sur les qualités contestables de Michelle, sa beauté exceptée. Mais il jugeait sainement que, pour un artiste, celle-ci vaut mieux que tout le reste, et en peut tenir lieu. Seulement, quand la conversation durait trop, il avait des agacements terribles et, renonçant à la prolonger, il la terminait brusquement par une grimace qui lui était familière : un énorme pied de nez qu'il lui envoyait en plein visage, immédiatement remercié par quelque apostrophe gracieuse : Malotru ! goujat ! cochon ! Et cette pantomime, avec chœur d'injures, se renouvelait bien cinquante fois par jour, rompant, seuls, l'existence un peu monotone du sculpteur fainéant.

Ah ! j'oubliais une distraction de Peyrolade, et non la moindre : son singe Mouscaïou, un grand singe au visage embabouiné d'épais favoris qui lui donnaient l'air d'un vieux comptable, déjà quelque peu ventru comme un magistrat sur le retour, ayant, au derrière, une façon de cœur naturellement taillé dans le poil, rouge lisse et luisant comme une tomate, ayant d'ailleurs toutes les vertus de ses congénères, un double et inguérissable penchant au vol et à la malpropreté. Cet homme surnuméraire, ce citoyen en herbe était fort aimé de Peyrolade parce qu'il reproduisait ses moindres mouvements que Peyrolade, bien entendu, trouvait les plus intéressants et les plus plastiques du monde. Mouscaïou mettait, à son instar, dans sa bouche, tout ce qui ressemblait à une cigarette, sans brûler, toutefois ; il buvait, avec un plaisir égal, et dans des verres pareils, du vin, de la bière et même des liqueurs fortes. Il faisait encore moins de distinction que lui, et, généralisant la méthode de Peyrolade, dès qu'une femme lui parlait, il lui faisait un énorme pied de nez, avec les signes ricanants du plus violent mépris. Du reste, Michelle, à qui ses attentions s'adressaient surtout, le traitait absolument comme son amant, et il en obtenait, à volonté, le : Malotru ! goujat ! cochon ! concluant sa période moins éloquente que les plus renommées de Bossuet.

Ainsi, ces trois êtres menaient une existence vraiment charmante et utile à la société.

Ah ! l'explorateur Gribius qui, de l'autre côté, habitait aussi le rez-de-chaussée dans la maison voisine, avait rendu, à l'humanité, et à la grande cause sociale, d'autres services ! En ses différents voyages, il avait déjà suscité plusieurs guerres effroyables entre des tribus lointaines qui, jusque-là, vivaient dans une paix profonde ; il nous avait valu plusieurs notes diplomatiques quasi-injurieuses de notre bonne voisine l'Angleterre ; il avait armé de fusils à tir rapide de braves gens qui en étaient encore à l'usage de la fronde dans les combats ; il avait rapporté plusieurs substances très vénéneuses pouvant servir à la sophistication des produits alimentaires. Ç'avait été, en un mot, ce qu'on appelle un pionnier de la civilisation. Son cabinet de travail ressemblait à la cabine d'un corsaire. Il avait prodigieusement volé, dans ses utiles expéditions, pour la cause sainte du progrès et de la liberté. Il se mourait littéralement, à Paris, d'énergie non dépensée, d'une pléthore d'activité. Il aurait bien fait la guerre aux cochers de fiacre, réduit en captivité un facteur, conquis, à main armée, et par surprise, le carreau de la Halle. Mais un tas de règlements de police se dressaient entre ses rêves belliqueux et son effroyable besoin de civiliser. Comme tout est contraste, en ce monde, sa femme, la blonde madame Gribius, doucement lettrée et même décadente, débordait de sentimentalité et n'aurait coupé une fleur que pour l'élever à la dignité de symbole, paradisiaque créature qui ne pouvait voir un hanneton se casser une patte sans pleurer ou s'indigner contre le destin.

Or, ce jour-là, Mouscaïou ayant été particulièrement désagréable, Michelle avait fini par lui envoyer le bout acéré de sa fine bottine dans le cœur, luisant comme une tomate et plus sensible encore que celui de madame Gribius elle-même, qu'il portait au derrière et qui calottait vaguement celui-ci de rouge comme on voit les têtes des enfants de chœur. Mouscaïou était susceptible et, mesurant toute l'horreur d'un tel outrage, il n'avait pas hésité à sauter, dans le jardin, par la fenêtre grande ouverte, causant une grande peur aux moineaux qui prenaient un bain de soleil, en secouant leur ventre dans le sable. Peyrolade, qui adorait son singe, sauta, à son tour, du canapé où s'achevait sa sieste dans un nuage de fumée bleue, allongea une gifle à Michelle, en passant, et bondit outré par la croisée. Mais Mouscaïou, infiniment rancunier, commença de grimper dans un prunier, en le regardant d'un air infiniment narquois. En vain Peyrolade lui prodigua les noms les plus doux, lui promit les plus subtiles friandises, fit mine de chercher du sucre dans la poche de sa vareuse. La bête, obstinée, continua de se ficher de lui, assise sur son cœur de pourpre, ses jambes velues en X, et se farfouillant aux aisselles d'une petite main ourlée d'ongles noirs, comme c'est la coutume de ces apprentis membres de notre espèce. Alors, Peyrolade fit une imprudence, un de ces coups d'audace comme nous les avons naturellement dans le tempérament à Toulouse : il voulut lutter d'agilité avec le singe récalcitrant, et, sacrifiant une culotte où il avait bien longtemps rêvé, sans sculpter jamais, il se mit à grimper, à son tour, au prunier, se remémorant les fructueuses gamineries de son enfance, en la douce saison des prunes. Mais il était devenu plus lourd qu'en ce temps-là à boire trop de bière. Mouscaïou, le regardant avec un mépris notoire, escalada quelques branches de plus pour se mettre hors de sa portée; puis, voyant que son maître s'entêtait, sauta du prunier sur le petit mur, et du petit mur dans le jardin du voisin.

Ah! mes enfants! ce que notre Gribius, qui s'embêtait à sa fenêtre en rêvant de quelque bon massacre de sauvages, sauta sur son excellente carabine, qu'il gardait toujours chargée pour quelque chasse improbable au lion, dans le quartier tranquille qu'il habitait! Le sanguinaire bonhomme ne se dit seulement pas, un instant, que la probabilité était presque aussi petite qu'un singe de cette espèce, et à l'état sauvage, se trouvât dans un jardinet de banlieue, et que cet animal, certainement domestique, avait un maître. N'écoutant que ses appétits civilisateurs à outrance, il mit en joue Mouscaïou, qui faisait des galipettes parmi des clématites pendues à un treillage. Et pan! Mouscaïou roula dans le sable, étoilé tout autour de sang, en poussant des cris d'enfant lamentables et risibles, affreusement désespérés. La sensible madame Gribius, en voyant ce massacre, s'élança sur le perron, puis dans le jardinet. Mais, en la voyant arriver,

Mouscaïou agonisant déjà, convulsé dans le hérissement de son poil, une écume rose à ses lèvres noires, les yeux papillotant affreusement sous les paupières saccadées, sembla retrouver une énergie suprême et lui fit un long pied de nez, à l'instar de Peyrolade. Puis, comme rien n'est plus mauvais à la santé qu'une longue habitude rompue, comme il ne s'entendit appeler ni malotru! ni cochon! ni goujat! il trouva la vie désormais sans saveur et rendit sa petite âme de macaque au grand Tout.

Mais Gribius l'avait vu de sa croisée, où sa carabine simiocide fumait encore. Et, grand observateur aussi bien que civilisateur éperdu, il écrivait déjà, sur son livre de voyages, cette note pleine d'une admiration émue : « La sérénité du singe mourant devant la mort dépasse tous les exemples héroïques que l'histoire a recueillis. Il s'y mêle une évidente ironie qui n'est pas sans grandeur. Quand le singe est atteint d'une blessure qu'il sent définitive et sans remède, il ne manque jamais, avant d'expirer, de faire un pied de nez aux gens qui viennent le secourir. »

LE CHATIMENT

LE CHATIMENT

I

C'était un gallophobe de distinction que sir William Trouspett, un de ces Anglais de race qui s'enorgueillissent d'avoir eu, parmi leurs aïeux, ceux qui brûlèrent la Pucelle. Aussi le succès de notre Exposition avait-il particulièrement horripilé ce méchant voisin, et avait-il, dès le début, juré ses grands dieux qu'il n'irait pas grossir le nombre des hôtes de ce capharnaüm international, très encouragé dans sa résolution par le révérend Wesboum, son liseur ordinaire de Bible. Il déchirait avec fureur les journaux illustrés où était représentée quelqu'une des merveilles du Champ de Mars ou de l'Esplanade des

Invalides. Les images de la tour Eiffel le mettaient dans une particulière fureur.

— C'est par un triste retour sur lui-même, disait milady Trouspett, sa femme, sur un ton de mélancolique malignité.

Le fait est que sir William portait moins haut ; d'aucuns même disaient qu'il ne portait plus du tout. Aussi, pourquoi, à soixante ans bien sonnés, avait-il épousé la charmante Pepa Sànz y Lcha, une Madrilène exquise en pleine maturité amoureuse, qu'il avait rencontrée en voyage ? Parce qu'il en était tombé épris, parbleu ! Et comment la belle Pepa Sanz y Lcha avait-elle accepté un tel époux ? Mais, sapristi, parce qu'elle était infiniment moins riche de numéraire que d'appas. Elle n'en était pas, d'ailleurs, la joyeuse créature, à son premier regret. Ceux-ci auraient été plus considérables et plus aigus encore si le baronnet Arthur Botumer, ami intime de sir William Trouspett, ne l'avait consolée dans la mesure, malheureusement restreinte, de ses moyens. C'était d'ailleurs un cocuage sans éclat que celui de notre ennemi naturel, un petit cocuage bourgeois et qui ne satisfaisait qu'à demi les exubérances d'idéal personnelles à la belle Espagnole. Elle avait rêvé mieux que ce borgne suppléant d'un aveugle.

Elle n'en éprouva pas moins une joie très pure

quand, cédant enfin à ses instances pour venir passer un mois à Paris qu'elle n'avait jamais vu, son mari lui annonça que le baronnet serait son mentor et son compagnon de route. Qui sait! l'air du boulevard donnerait peut-être un peu de montant à ce débonnaire amoureux! Et puis, ce ne serait plus des tendresses à l'envolée, toujours inquiètes du retour possible du mari ou des trahisons du vertueux Wesboum, s'il découvrait jamais quelque chose. La liberté enfin dans de bons draps qu'on ne rouvre que quand on est bien saoulé de caresses! Elle espérait une transformation de ce flegmatique dans des conditions meilleures à leur adultère intimité. Mais le passage de la Manche n'eut pas l'influence qu'elle espérait. Ce fut plutôt le contraire. Le baronnet, encore possible pour la guerre de tirailleur, était tout à fait insuffisant au choc d'une bataille prolongée. C'était, à proprement parler, un bidet d'occasion plutôt qu'un cheval de race. Il manquait totalement de fond pour un service régulier.

Charmant cicerone, d'ailleurs, et le meilleur camarade de jour qu'on pût rêver pour une femme. Du matin au soir, il la promenait parmi nos merveilles. Espérait-il sournoisement la fatiguer ainsi et lui procurer un sommeil exempt de fantaisies? Peut-être. Mais la tiédeur de notre climat tenait les sens de l'impétueuse Pepa en éveil. Ces journées d'automne que traverse l'âme doucement exaspérée des fleurs qui vont mourir, où la musique des adieux, vague encore, hâte les baisers sur les lèvres des amants, où s'étire, dans de mortelles langueurs, le désir pareil à un serpent qui sent que le froid va l'étourdir, ces journées pleines d'énervements délicieux dans les allées où vole l'or des feuilles mortes et l'agonie des orchestres en plein vent, faisaient milady Trouspett plus impatiente encore d'une réalisation plus parfaite de son rêve.

Mais il faut rendre cette justice au baronnet, qu'en dehors des accrocs qu'il tentait d'y faire personnellement, il veillait scrupuleusement sur l'intégrité de l'honneur de son ami. Egoïste qui défendait un gâteau dont il était à peine capable de grignoter les miettes! Imbécile qui ne savait pas que ce que femme veut, le diable le veut encore plus qu'elle.

II

Arthur Botumer n'entendait pas un seul mot d'espagnol. Cela permit à sa compagne d'engager avec un de ses compatriotes, auprès de qui elle était assise dans un des cafés africains de la rue du Caire, une conversation à laquelle il ne comprit pas un seul mot. Milady lui expliqua, il est vrai, ensuite, que cet hidalgo était un ami de sa famille qui l'avait vue toute petite et lui en donnait des nouvelles. Mais la vérité est que l'entretien avait fini par un bel et bon rendez-vous à l'hôtel même où le couple britannique était descendu et où l'Espagnol allait retenir une chambre incontinent. Cette incontinence était même sa seule excuse. Le caballero Fépipi Sanchez était un de ces faux toréadors dont nous sommes infectés. Il se disait de l'école de Cordoue et contait qu'il avait mis à mal les plus beaux animaux des pâturages andalous. En réalité, ses plus beaux succès avec les bêtes à cornes avaient été contre les maris. Il ne s'attaquait pas d'ailleurs systématiquement au mariage et gardait une part aux drôlesses. On sait avec quel éclat ces messieurs les toreros pratiquent la chameaumachie depuis leur arrivée dans nos murs. Fépipi Sanchez était un des plus brillants de ces matadors en chambres garnies. Les petits cadeaux ne révoltaient pas d'ailleurs son orgueil ibérique et il avait, du premier coup d'œil, guigné le superbe œil-de-chat, entouré de rubis, que l'Anglaise portait à l'annulaire et qu'il entendait bien faire passer à son petit doigt.

Et les choses se passèrent le plus simplement

du monde. Un commissionnaire vint requérir le baronnet pour quelque affaire aussi imaginaire qu'urgente. Milady n'était pas habillée pour sortir. Il fallut bien la laisser à l'hôtel et, un instant après le départ précipité d'Arthur Botumer, celui-ci recevait, conjointement avec sir William Trouspett également absent, le beau sacrement de cocuage, lequel a l'avantage, sur les autres, de se pouvoir administrer sans concours personnel du patient. Il fut sacré trois fois cocu en fort peu de temps, plus une fois cocu honoraire, l'officiant s'étant borné aux prémices, agréables d'ailleurs, de la cérémonie. Le seul contretemps fut que l'impétueux toréador oublia, sur le lit, sa belle ceinture de soie rouge qui s'y déroulait comme un fleuve de sang après une bataille.

L'objet frappa les yeux du baronnet quand il rentra. Vainement milady crut l'avoir dissimulée à temps à ses regards par une habile envolée du tissu autour de ses propres reins sur lesquels retombait une élégante jaquette. Le baronnet eut l'esprit de sentir qu'il serait mal venu à faire de l'autorité pseudo-conjugale. Il ne dit absolument rien, mais enferma dans sa poitrine une épouvantable colère et des projets de vengeance vraiment indignes d'un gentilhomme, comme vous en pourrez juger tout à l'heure.

III

On devait quitter Paris le lendemain et il avait été convenu que l'ascension de la tour Eiffel serait réservée pour cette pénultième journée. On la fit dans un demi-brouillard qui enveloppait, de sa poésie vibrante, tout le paysage, semblant un rideau transparent que des souffles mystérieux faisaient flotter sur les choses. Mais cette vapeur remontait et, à mesure qu'on s'élevait, le panorama de Paris, avec sa ceinture verdoyante de collines, et semblant retenu à la terre par la boucle d'argent que fait la Seine dans ses méandres, se dégageait de ses fumées et le grouillement de la grande ville était comme celui des cailloux de la mer, quand la vague s'en retire, à l'heure des reflux. Un bruit confus en montait, comme d'un océan qui remonte et descend les grèves. La charmante Pepa était toute à la magie de ce spectacle et au mélancolique regret de ne plus revoir le volage Fépipi Sanchez, et cette rêverie allait délicieusement à sa beauté blonde dont l'or semblait comme avivé de pierreries par le soleil traversant enfin le voile déchiré des nuées. Si cet animal de baronnet l'eût regardée en ce moment, il lui eût pardonné sans doute. Mais non! ce renfrogné était tout à ses méchants desseins : *quærens quem devoret*, j'entends : cherchant ce qu'il pourrait inventer pour punir cruellement l'infidèle. Un éclair mauvais passa tout à coup sous sa paupière velue. La débitante de tabac qui vend les glorieux produits de notre régie, dans un kiosque du second étage, buraliste aimable mais distraite quelquefois, machinalement, sans regarder son ouvrage, d'un geste mécanique, estampillait, sur ses genoux, à l'image de la tour Eiffel, les paquets de *scaferlati* (c'est le nom scientifique du tabac qu'on appelle aussi *petun* dans le dictionnaire de l'Académie), avec un timbre où cette image était gravée. Elle venait de raviver le ton des empreintes en pressant ce timbre sur un tampon colorant, quand adroitement, en vrai pickpocket de race, tout en attirant l'attention de la pauvre femme par le choix d'un cigare, le baronnet lui chipa ledit timbre et l'engloutit rapidement dans sa poche, sans que milady Trouspett, qui pensait à autre chose, l'eût pu voir.

Et le soir, le soir même, au milieu d'hypocrites larmes et de rancunières protestations d'amour, dans la tiédeur alanguissante du lit, laquelle devait inspirer cependant la miséricorde, l'implacable Arthur Botumer appliquait sournoisement, sans qu'elle y fît attention, l'empreinte de la tour sur les fesses confiantes de sa coupable bien-aimée.

IV

Un châtiment en appelle un autre, d'après les lois inexorables du destin.

Il sembla à ce pauvre sir William Trouspett qu'il pourrait convenablement fêter le retour de sa femme. Celle-ci, non sans méfiance, se prêta à cette posthume fantaisie de vieil époux. Inconsciente du stigmate qu'elle portait au derrière, elle tendit celui-ci, dans un élan de fausse tendresse, aux baisers du gentleman qui, à la vue de la tour Eiffel en miniature, tomba foudroyé par une attaque d'apoplexie. Le lendemain, dans une lettre encadrée largement de noir, la veuve, moins inconsolable qu'Artémise, rappelait au baronnet que celui-ci lui avait promis solennellement et par papier authentique de l'épouser, quand les délais de rigueur seraient écoulés. Celui-ci fait une tête !... une tête qui n'est rien auprès de celle qu'il portera bientôt. Car sa future l'a prévenu que leur voyage de noces se ferait par delà les Pyrénées.

C'est bien fait !

FRANCHISE

FRANCHISE

I

— Alors, tu tiens absolument à inviter à dîner, pour ce soir, ton Mounardet ?

— Oui, madame Bidouillard, j'y tiens absolument.

— Un homme qui n'est jamais venu ici sans y commettre quelque gaffe, sans tenir quelque propos inconvenant et sans nous fâcher avec quelqu'un !

— Na ! na ! na ! je sais que vous ne pouvez pas sentir Mounardet à cause de sa franchise extrême. Eh bien ! moi, c'est pour cette franchise-là que je l'aime. La raison en est peut-être que je n'ai rien à en craindre, tandis que vous...

— Pas un mot de plus, monsieur Bidouillard. Mounardet est votre camarade de collège et, Dieu merci, pas le mien. Il ne fait ici que des sottises et vous ne l'en aimez que mieux. Vous tenez à l'inviter, et moi je m'en moque. Invitons-le ! Voulez-vous que je le mette à ma droite, à table, par-dessus le marché ?

— Ça, non, ma bonne amie. Cet honneur revient de droit au président Picpus qui est un homme plus considérable, j'en conviens, que ce pauvre Mounardet et qui nous fait l'honneur de venir pour la première fois.

— A ma gauche, alors ?

— Le commandant Tripet est accoutumé à cette place et il est affreusement susceptible. Je ne suis pas insatiable, madame Bidouillard, pour mes amis d'enfance. Mounardet sera de l'autre côté de la table, à gauche ou à droite, je n'en sais rien.

— En face de moi, alors. Si vous croyez que ça m'amuse de le regarder !

— En face ou pas en face ! N'importe où, quoi ! Je vous remercie d'avoir accepté avec cet empressement l'expression de mon désir.

Et, moitié narquois, moitié enchanté, M. Bidouillard baisa galamment la main de sa femme, en l'exhortant à veiller elle-même, et de près, à l'ordonnance du dîner. Le président Picpus était gourmand et de plus à ménager, en cas de procès. Le commandant Tripet était plutôt gourmet et à ménager aussi en cas d'affaire avec quelque quidam. M. Bidouillard, ancien avoué de son état, s'était fait quelques ennemis en ruinant bon nombre de ses clients par des excès de procédure qui ne lui avaient pas été, à lui personnellement, préjudiciables. Il est même certain que sans madame Bidouillard, dont la nature avenante et la souriante beauté eussent ému, comme la lyre d'Orphée, les rochers eux-mêmes, cet ancien officier ministériel eût été obligé de quitter sa cité provinciale pour s'y faire oublier. Mais elle était tellement exquise, madame l'avouée, avec son bon sourire qui s'entr'ouvrait sur un frisson de nacre, ses regards caressants s'envolant, comme des martins-pêcheurs, dans le rayonnement bleu de ses yeux, sa lourde chevelure blonde que soulevait, à la nuque, un retroussis d'or fin et révolté, son cou grassouillet où Vénus avait enlacé deux fois son collier, le gracieux embonpoint où s'élargissaient ses hanches, et, par-dessus tout cela, je ne sais quel charme bourgeois de bonne compagnie, qu'il était beaucoup pardonné à M. Bidouillard, à cause d'elle, et que la maison n'en recevait pas moins, malgré la mauvaise renommée de celui-ci, toute la meilleure société du pays, comme le président Picpus et le commandant Tripet.

Maintenant, madame Bidouillard était-elle simplement coquette, ou un peu plus que cela? Voilà ce qui ne nous regarde pas. Vous avez rencontré, comme moi, dans les chefs-lieux de nos beaux arrondissements français, des dames qui donnaient beaucoup à penser, mais au sujet de qui rien n'était certain. La nature éclectique et un peu générale de leur aménité était-elle l'expression d'un caractère bienveillant à tout le monde ou le moyen habile de dissimuler quelque obscure préférence pour quelqu'un? Voilà ce qui n'était pas clair davantage. Tous ces frais de conversation et de toilette indiquaient-ils un simple besoin de plaire ou une coquetterie sournoise à l'endroit de quelque préféré?

Nec nostrum inter nos tantas componere lites,

comme disait le doux Virgile, et je traduis, pour la postérité qui ne saura plus le latin: « Mêlons-nous de ce qui nous regarde. » Au reste, M. Bidouillard n'en savait pas, à ce sujet-là, plus que les autres, mais il était vaguement jaloux, s'avouant, à soi-même, ce que sa femme avait été et était encore pour lui, un fier trésor. Jaloux à la manière d'Othello, ou selon le mode d'Harpagon? Encore un mystère. Ah! que la vie provinciale est donc pleine d'obscurs chemins!

II

L'éminent Mounardet, aimé ici et détesté là pour sa rude franchise, Mounardet, le vérificateur du Danube — car le contrôle des poids et mesures lui avait été longtemps confié par le gouvernement de notre patrie — n'était pas, à table, tout à fait en face de madame Bidouillard, mais pas, non plus, aux bas côtés de la table, de façon qu'il la pouvait regarder tout à son aise sans se donner le torticolis. Et le drôle n'y manquait pas, trouvant madame l'avouée tout à fait de son goût, goût qui, comme vous l'avez pu voir, était insuffisamment partagé. La terreur ancienne des bouchers et des boulangers, qui n'ont pas leurs pareils pour vendre à faux poids, n'était pas un homme insensible au pouvoir divin de la beauté. Tout en ayant conscience de la fidèle amitié que lui portait Bidouillard, il n'eût pas hésité à en faire le sacrifice pour le tromper indignement. Mais, toujours à cause de sa rude franchise, Mounardet avait peu de bonnes fortunes. Les dames de province prisent peu les galants incapables de mentir. Plus généralement, j'ai cru remarquer que ce que les femmes aimaient le mieux en nous, même avant notre argent, c'est notre facilité au parjure.

Ah ! ce que Mounardet fut franc pendant ces agapes ! La conversation ayant un instant roulé sur la magistrature, il ne retourna pas seulement deux fois la langue dans sa bouche avant de déclarer qu'il professait pour elle le plus souverain mépris, et la considérait comme composée, à fort peu près, de juges prévaricateurs et prêts aux extrêmes iniquités quand leur intérêt personnel était en jeu, en quoi il exagérait certainement beaucoup. Bidouillard, très gêné, ayant coupé court à ce périlleux entretien en laissant tomber exprès à terre son assiette, on commença de discuter sur l'armée. Mounardet en profita pour être plus franc encore. Notre armée ne valait pas deux sous ! Aucune discipline et un invincible penchant à l'ivrognerie. On croyait que les officiers travaillaient plus qu'autrefois ? Erreur ! Que les soldats portaient haut l'honneur du métier ? Illusion ! En quoi il mentait comme un vrai sagouin. Heureusement que les deux voisins de madame Bidouillard avaient mieux à faire qu'à écouter cet animal. Car c'était, autour de la belle amphitryonne, un parfum délicieux de santé et de fleur sauvage en plein épanouissement à griser tous ceux qui étaient à sa portée, arome vivant qui montait de sa chevelure et de ses lèvres et de ses belles épaules nues, neige odorante des printemps passés. Et, par la large échancrure du corsage, au-dessus des manches existantes à peine, c'était un éblouissement de chair vertueuse qui eût considérablement distrait saint Antoine lui-même, en ses éternelles tentations. Car on m'assure que le pauvre saint est encore là-haut l'objet des attentions de toutes les aimables pécheresses du Paradis, et véhémentement regrette-t-il le bon compagnon qui l'aidait à supporter le poids de ces maléfices et qu'il a lâchement abandonné, en cette vallée de larmes, aux caprices de la charcuterie.

Oui, parbleu ! la contemplation de pareils charmes, à la fois décents et dodus, valait mieux qu'une attention particulière accordée aux discours subversifs de ce Mounardet, qui en voulait venir à cette conclusion sophistique que, en dehors de la direction des poids et mesures, où s'exerce l'intégrité des seuls employés vertueux de la nation, notre fonctionnariat est pourri jusqu'aux moelles et ne mérite qu'un vigoureux coup de balai.

Quand on prit le café sous la véranda, parmi les palmiers et les rhododendrons que la belle madame Bidouillard cultivait elle-même, cependant que MM. Picpus et Tripet, sans la quitter davantage et la buvant encore du regard en son décolletage exquis, louaient le moka de la maison, comme n'y manquent jamais les gens bien élevés, Bidouillard, entraînant, un peu malgré lui, Mounardet dans le petit salon voisin, lui dit sur un ton de mauvaise humeur marquée :

— Mounardet, j'aime la franchise, mais pas à ce point-là. Tu t'es conduit comme un pur goujat tout à l'heure.

— Comment ça, monsieur Bidouillard ?

— Tu as insulté grossièrement la magistrature devant un président, et l'armée devant un militaire. Je t'ai cependant envoyé assez de coups de pied sous la table pour t'engager à te taire !

— C'est donc ça que l'abbé Bergace, mon voisin, faisait tant de grimaces ! c'est lui qui les recevait.

— Mais, malheureux, tu n'as donc pas regardé ma femme ?

— Ça, je te donne ma parole d'honneur que si. Elle était délicieuse.

— Tu n'as donc pas vu tous les signes qu'elle t'adressait ?

— Si fait, si fait ! J'en étais même enchanté.

— Et tu n'as pas compris, animal ?

Plus franc encore, en une fois, que pendant tout le reste de sa vie, Mounardot répondit sans hésiter :

— Non, mon vieux ; j'ai cru qu'elle me faisait de l'œil.

VENT D'AUTAN

VENT D'AUTAN

Les batailleurs ont fait parler d'eux, depuis une semaine, dans mon doux Toulouse. Combat dans un café, en pleine place Lafayette, et combat à l'octroi. On se cogne, palsambleu ! dans la riante cité des capitouls. Voulez-vous parier avec moi que le vent d'autan est le seul coupable ? Et dire que je l'ai chanté ! oui, dans un couplet d'antan, où il disait aux dames, par façon d'excuses :

Pardon ! si quelquefois, quand vous passiez les ponts,
J'ai d'un souffle indiscret effleuré vos jupons,
Ou, pour mieux égayer les promeneurs moroses,
De mon rude baiser frôlé vos lèvres roses,
Ou, sur votre cou fier, ondulant et nerveux,
Malgré vous dénoué la nuit de vos cheveux...

Et il ajoutait, le drôle, en manière de forfanterie :

Quand on m'attend le moins, j'arrive de la plaine
Et déjà la cité, chaude de mon haleine,
Comme au vent du désert le lion s'endormant,
S'étire en un splendide et lent énervement.
Et l'or des peupliers qui, de loin, la couronne,
Parallèle, se penche aux flots de la Garonne.

Le fait est que ce frère du mistral et ce cousin du sirocco a d'immédiats et prodigieux effets sur le tempérament toulousain. La grande cité palladienne s'épanouit, en plein soleil, dans l'orgueil de ses briques roses et de ses belles promenades. La belle humeur y éclate en plein air, comme un immortel cactus toujours en fleur. Il en sort des fusées de chansons et d'éclats de rire. C'est la joie même des dieux, dans l'embaumement des roses. L'orgueil du sang latin resplendit au front blanc des belles filles coiffé de deux ailes d'ombre. Il semble que le faubourg de cette ville triomphante doive être le Bois sacré lui-même de Puvis de Chavannes... Attendez !... Une simple haleine de l'autan, et les narines grimacent légèrement à tous les visages. Un nuage passe dans tous les yeux et des agacements crispent tous les doigts. En même temps, une envolée de poussière, où flottent des papiers douteux, s'élève des chaussées, de poussière chaude et maléolente. Les chansons et les rires se taisent dans les grandes avenues. Dans les cafés, les joueurs, tranquilles tout à l'heure, commencent à s'accuser de tricher et à s'injurier. C'en est fait de la belle et bienveillante humeur gasconne. Le vent querelleur met la discorde partout. On se menace de se gifler là où l'on s'embrassait tout à l'heure. Les chiens eux-mêmes mordent la queue de la tabatière naturelle qu'ils ont coutume de s'offrir l'un à l'autre quand ils se rencontrent, ce qui inspira un apologue fameux au vieux fabuliste Phèdre. C'est le désarroi, l'impatience, la nervosité agressive qu'on respire maintenant sur les bords de la Garonne. Seules, les belles filles rient, à belles dents blanches, des querelles ridicules des passants. C'est en ces temps-là que des bourrades ont lieu entre des gens d'ordinaire les plus inoffensifs.

Tenez ! à mon dernier voyage, il a suffi d'une journée de ce maudit enfant d'Eole, qui ne porte pas au dos une harpe, mais une brique, pour que mon vieil ami Gribius ait une aventure tout à fait fâcheuse avec la maréchaussée, aventure qui se dénouera, je l'espère, heureusement en justice, grâce aux belles relations que j'ai dans la magistrature toulousaine et à la plaidoirie éloquente de mon bon compagnon Raymond Deyres que je lui ai donné pour avocat et qui ferait acquitter un parricide récidiviste. Et cependant, fichtre! Gribius est doux et bon garçon. Il est même plutôt craintif, ce qui l'induit à ne jamais sortir sans avoir accumulé, sur lui, autant de moyens de défense qu'un chevalier errant. Il cite l'exemple de Don Quichotte et aussi un passage très sagace d'Alphonse Karr, que je vous demande la permission de vous citer : « Il y a des gens qui croient que le courage consiste à braver des dangers sans s'être prémuni contre eux : par exemple, à s'aventurer, sans armes, dans un endroit réputé dangereux la nuit. En quoi ils montrent simplement qu'ils ont plus de sottise que de vrai courage. Car, de deux choses l'une : ou ils croient au péril de ce chemin, et alors ils sont imbéciles de ne s'en pas protéger par avance ; ou ils n'y croient pas, et le beau courage que celui qui consiste à affronter un danger qu'on suppose imaginaire ! » Cela est raisonné à ravir et Gribius aurait tout à fait raison de s'en inspirer, si les rues de Toulouse n'étaient pas les plus sûres du monde et si les rencontres fâcheuses n'y étaient pas à peu près inconnues.

Donc, ce jour-là, il avait son arsenal sur lui, comme de coutume, pour préambuler, à huit heures du soir, au Grand Rond, où il y avait trois mille personnes pour entendre la musique militaire, un grand souffle d'autan mêlant, comme je l'ai dit, sa fanfare fâcheuse, à travers les branches, à celle de l'excellente École d'artillerie dont se régalent les mélomanes économes. J'ai constaté que Gribius était pacifique de naturel et même timide devant les coups. Mais il subit, comme tout le monde, l'influence du vent d'autan. Et puis, il est en tout temps, et par tous les vents, paillard comme Panurge lui-même, si bien qu'il témoigna trop de bienveillance empressée, sans doute, à une jeune demoiselle pour qui un autre professait les mêmes sentiments immédiatement dévoués. Toujours est-il qu'un grand escogriffe l'apostropha malheureusement et que, pif! paf! on se sauta correctement à la gorge. Gribius n'avait pas précisément le dessus, mais il avait eu la maladresse de frapper au nez son adversaire d'une violente chiquenaude, ce qui fait que celui-ci saignait comme un bœuf tandis que lui-même n'avait encore aucun horion apparent. C'en fut assez pour que, lorsque messieurs les sergents de ville renforcés de deux gendarmes et de leur brigadier intervinrent, Gribius fût considéré immédiatement comme l'agresseur et même comme ayant seul frappé.

Le grand escogriffe — pas un Toulousain, celui-là, il m'a semblé même qu'il avait un léger accent allemand — était une pure canaille. Il encouragea l'erreur de la maréchaussée en s'essuyant le sang dans le cou, comme s'il sortait de sa poitrine, et en jurant ses grands dieux que Gribius s'était jeté sur lui, sans aucune raison, et dans le but évident de l'assassiner. Il osa même soutenir que Gribius le suivait depuis plusieurs jours pour lui donner ce mauvais coup et qu'il l'avait remarqué.

C'est à ce moment que j'intervins. Je dis de mon ami ce que je savais et ce que je devais dire. Je n'avais pas assisté à la querelle, mais je répondais de lui, et que Gribius, un excellent citoyen, un rentier paisible, un dominotier ordinaire du café Albrighi, était absolument incapable de guetter lâchement un passant dans la rue pour lui faire le coup du père François ou de quelque autre père de l'Eglise des mécréants. Cela me valut des regards sournois et même narquois du brigadier Pébeuré, qui commandait les deux gendarmes et qui proposa qu'on m'emmenât au poste, comme vaguement complice de l'assassin, que je défendais avec tant d'ardeur.

Heureusement pour moi que je me fis reconnaître du commissaire, mais sans que ma recommandation eût le poids nécessaire pour arrêter l'enquête dont ce pauvre Gribius était l'objet et que le brigadier Pébeuré fut chargé d'instruire *grosso modo*. Cette bourrique malfaisante d'escogriffe, toujours pour établir le guet apens et la préméditation qui lui vaudraient de superbes dommages-intérêts, demanda qu'on fouillât Gribius. Ce fut terrible. On commença par la canne qui fut reconnue à épée, arme prohibée s'il en fut. On découvrit, sans peine, un coup-de-poing américain dans la poche de son gilet. La fouille des poches de son pardessus amena la découverte d'un casse-tête et de deux couteaux-poignards dont l'un catalan et particulièrement dangereux.

L'escogriffe et le brigadier Pébouré triomphaient. L'intention d'assassiner quelqu'un plutôt deux fois qu'une était patente. Il était gentil, mon citoyen paisible! mon excellent rentier! mon dominotier du café Albrighi! Et les deux simples gendarmes rigolaient ferme aussi, secouant, dans leurs poches de cuir jaune, un joli petit bruit de poucettes. Et un sergent de ville inscrivait les outils meurtriers en les cataloguant. Et tout le monde me regardait, moi qui, relâché par le commissaire, n'avais pas voulu abandonner, dans cette épreuve, mon vieil ami Gribius, avec des yeux mauvais et moqueurs. Tout à coup, un gendarme, en continuant l'investigation, mit la main sur un petit revolver que Gribius portait, à l'américaine, dans une poche faite exprès à son pantalon, par derrière, légèrement oblique et juste un peu au-dessus du croisement des fesses.

Quand il le tira triomphalement de cette postérieure cachette, le brigadier Pébeuré eut un accès de joie sauvage et dicta au rédacteur de l'enquête :

— Ajoutez que ce misérable était armé *jusqu'aux dents!*

VAUDEVILLE

VAUDEVILLE

Je sais que le genre est un peu démodé, mais je m'en moque. Un peu bousculé par le grand souffle de modernité qui traverse le théâtre et le livre, je me réfugierais volontiers quelquefois dans quelque vieillotterie bien surannée sentant le rococo, comme certains amateurs s'entourent de bibelots du passé. J'en ai assez des habits noirs, de la lutte à outrance pour la vie et du mouvement contemporain. Si vous saviez comme je me délecte à ces concerts d'instruments anciens où Diemer tient le clavecin et Grillet la vielle, où pleure la viole d'amour ! C'est tout un monde de vraies marquises et de fausses bergères, de causeurs galants et de mousquetaires en congé qu'évoquent ces accords tremblotants et ces jolies phrases de romances. Je mettrai donc mon vaudeville dans ce monde-là et, de plus, il n'aura qu'un acte, ce qui est bien une circonstance atté-nuante. Mes personnages sont au nombre de quatre seulement : le fermier général Chandor, sa femme, la chanteuse Anita et le bel officier Guy des Lucettes. Nous mettrons l'œuvre en dialogue plus tard, et je ne vous en veux dire aujourd'hui que le simple scénario.

Mais d'abord, le portrait de mes comédiens, tels que je les rêve. M. Chandor a la soixantaine, et, n'étaient quelques accès de goutte, passe encore avec justice pour un vert-galant. Je le vois un peu obèse, le verbe haut, comme ceux qui ont gagné beaucoup d'argent, fort content de lui, et presque toujours vêtu de beaux habits brodés. Madame Chandor, qui a été fort jolie, est encore d'une maturité aimable. Nous la devinons brune sous la poudre qui couvre ses cheveux, avec de beaux yeux noirs qui n'ont pas abdiqué leurs feux, délicatement passionnelle, l'air très résolu et pas facile à vivre. D'Anita, la jolie chanteuse à l'Opéra, je renonce à décrire les grâces exquises. Imaginez une blonde délicieuse, ayant une coulée de miel pour cheveux, un vrai jardin à métaphores pour les poètes qui chantaient ses charmes et ne savaient que cueillir, sur sa personne, des roses à sa bouche ou des lys à son front. Elle est svelte, avec des reliefs troublants, toujours aux lèvres une chanson ou un sourire, également aimable à entendre et à regarder. Quant au bel officier Guy des Lucettes, un gaillard, parbleu ! vaillant à la guerre et fort amoureux en temps de paix, comme les aimaient nos bonnes aïeules, en un temps moins bégueule que le nôtre.

Quand M. Chandor avait résolu d'avoir une maîtresse à la mode, tout naturellement son choix s'était porté sur Anita, qui ne passait pas pour farouche et constituait ce qu'on appelait alors une conquête fort honorable pour un homme de sa situation dans le monde. J'ajouterai, sans lui en faire un mérite, qu'il en était très vraiment épris, au point d'en être jaloux. Bien que madame Chandor eût, s'il en faut croire les bonnes langues, traité autrefois un tel mari comme il le méritait, et bien qu'elle fût d'une tolérance tout à fait spirituelle en matière de mœurs, cette liaison très connue de son époux avec une jeune femme de théâtre n'avait pas été précisément de son goût. Aussi le pauvre fermier général avait-il de fréquentes scènes dans son ménage où il ne portait pas précisément la culotte, suivant une expression du temps, sans valeur aujourd'hui, maintenant que toutes les femmes font de la bicyclette. Pouah ! voilà qui me fait jeter encore un regard de regret en arrière sur les délicatesses d'autan, quand les femmes n'enfourchaient pas ces horribles chevaux de fer plus féconds en périls que, pour les femmes troyennes, le grand cheval de bois où se cachait la perte d'Ilion. Notre Chandor, un peu malmené chez lui, n'en allait pas moins, avec l'imperturbabilité de l'habitude, passer quelques heures avec sa bonne amie, quand le théâtre était fini. Ce qui arrivait moins tard, en ce temps-là, qu'aujourd'hui. Il avait, pour l'attendre chez elle, une clef de l'appartement où logeait l'élégante comédienne, un bijou d'appartement que notre vieux financier avait meublé à son propre goût, s'entend, de jolies toiles de Fragonard ornant les tentures et la coquette bibliothèque en bois de rose étant pleine de livres précieux aimablement reliés. Dans sa propre chambre seulement, Anita avait fait les choses à sa fantaisie, et rien ne se pouvait voir de plus délicieusement féminin. Cette pièce était, d'ailleurs, celle que préférait de beaucoup le bel officier Guy des Lucettes, car — à moins de n'avoir jamais vu un vaudeville de votre vie — vous avez deviné déjà que ce militaire prenait une joie coupable et bien naturelle à tromper le barbon avec sa maîtresse. Au fait, peut-être vous imaginiez-vous que c'était avec sa femme. La recette est double. Mais vous voilà fixés maintenant.

Eh ! mon Dieu ! les choses se passaient le plus naturellement du monde, et comme dans presque toutes les pièces de l'ancien répertoire du Palais-Royal. Quand l'amoureux marié, dans l'espèce Chandor, devait rentrer chez lui, si avant que ce fût dans la nuit, ne fût-ce que pour de simples raisons de convenances, l'autre — le des Lucettes pour l'instant — ne manquait pas d'arriver peu de temps après. Tout cela n'est pas d'une morale très pure, mais j'ai ouï dire que, dans la vie, ces choses arrivaient quelquefois.

Le bel officier avait donc la clef, comme l'autre ; seulement, il ne s'en servait qu'aux approches du matin, quand il était sûr que son rival était rentré chez lui. A celui-ci, il laissait, d'ailleurs, suivant la coutume, l'honneur de payer seul le loyer du nid de leur double tendresse.

M. Chandor avait même pris le loyer à son propre nom. Il croyait ainsi s'assurer plus longtemps la tendresse d'Anita qui tenait beaucoup à tous les riens exquis dont il avait entouré sa fille, capricieuse fille d'ailleurs, avec une goutte de sang bohème dans les veines et qui, sans cette précaution, aurait bien pu le mettre un jour à la porte. C'était, je vous l'avoue, raisonner comme un affreux bourgeois. Mais les fermiers généraux, pour avoir donné leur nom à de fort belles éditions, n'en étaient pas, pour cela, en amour, des modèles de chevalerie. Ne demandez jamais aux hommes d'argent les délicatesses qu'ont volontiers les pauvres diables. Essayer de tenir une femme par de si médiocres considérations ! Croyez-vous qu'Anita, si elle eût dû perdre, pour cela, son bel officier, eût pris garde à toutes ces puérilités ? Mais les choses s'arrangèrent pour le mieux, sans drame, elle le préférant infiniment.

Pan ! voilà M. Chandor pris d'un abominable accès de goutte. Le voilà prisonnier chez lui, et subitement, sans avoir eu le temps de mettre le moindre ordre à ses affaires. C'était une occasion d'y mettre le nez, sans qu'il s'en pût défendre, que la jalouse madame Chandor ne devait assurément laisser passer. Vite, tandis que le malheureux gémissait dans sa chambre, elle fouilla dans ses poches et dans son secrétaire qu'il n'avait pas eu le temps de fermer. Dans le secrétaire, elle trouva le bail de l'appartement d'Anita, au nom du financier, et, dans sa poche, elle découvrit une petite clef qui n'allait à aucune serrure de la maison, et qui était certainement celle de l'appartement délictueux. Elle avait donc tout maintenant pour s'y rendre et y pénétrer à la place du pauvre cul-de-jatte par intérim.

Et ce fut fait le soir même.

Quand Anita rentra chez elle, pour attendre M. Chandor, c'est madame Chandor qu'elle y trouva installée. Elle voulut d'abord se récrier. Mais, le papier fatal à la main, celle-ci lui fit observer qu'elle était bien chez elle, une femme étant chez elle partout où demeure son mari. Victorieuse dans cette escarmouche, elle entendait coucher sur ses positions, comme on dit en stratégie. Elle avait la fantaisie de passer la nuit dans cette petite maison de campagne que son époux lui offrait sans le savoir. Donc, la pauvre Cigale n'avait qu'à déguerpir et au plus vite. Madame la Fourmi avait pris possession de ses lares et entendait s'y maintenir. Anita était furieuse, mais que faire? Madame Chandor était pressante et on mettait les jolies filles en prison, pour de moindres peccadilles, en cet adorable temps. Sans que sa persécutrice lui permît de toucher à rien, elle dut repartir et s'en aller demander l'hospitalité à une amie. Car, où trouver celui qui lui devait si bien un asile, en ce désarroi? Le bel officier Guy des Lucettes passait volontiers la nuit au jeu, comme tout bon gentilhomme. Impossible de le découvrir et de lui tout conter.

C'eût été cependant bien nécessaire, et Anita, dans cette occurrence, avait bien certainement perdu la tête pour ne le pas attendre aux environs de sa propre maison. Car notre des Lucettes, une fois soulagé de son argent par le jeu, ne manqua pas de se rendre chez elle comme à l'accoutumée, devant que le coq eût poussé sa première fanfare dans l'air frais du matin. Sifflotant une gavotte, le drôle, et muni de sa clef, il s'en fut droit à l'appartement de sa belle. Toujours plein d'attentions délicates, et, pour ne la pas réveiller brusquement, il fit sans bruit son entrée, et à tâtons, connaissant assez bien les êtres de la maison pour n'avoir pas besoin de lumière. Mais madame Chandor ne dormait pas et quand l'impertinent, démuni de son haut-de-chausses, tenta l'escalade de sa couche, elle lui administra une paire de gifles.

— Qu'as-tu, mon amour? murmura l'officier décontenancé.

Ce ne fut pas Anita qui lui répondit.

— Que faites-vous ici, madame? demanda Guy en frottant sa joue.

— Je m'assure, monsieur, que votre maîtresse trompe mon mari.

Et, maintenant, benoît lecteur, donne à ce vaudeville le dénouement que tu voudras. Comme l'immortel Raoul Gunsbourg, mon ami, qui ce jour-là fit une trouvaille, je le laisse absolument à ton choix.

ILLUSIONS

ILLUSIONS

I

Une admirable matinée automnale, en un des pays du monde où l'automne est le plus beau, dans mon cher pays de Gascogne. Une matinée où la campagne était toute d'argent clair, une buée transparente que le soleil n'avait pas encore percée flottant sur la Garonne qui semblait, en ses larges miroitements, une coulée de métal, une poussière de givre faisant étinceler les gazons et le ciel, à peine teinté de rose à l'horizon, comme l'aile d'un grand ibis, n'étant, lui aussi, qu'une blancheur dans cette fête liliale pour les yeux. Et, dans le grand et solitaire parc qui enveloppait le château ruiné de Bois-Bussac, toute la flore d'octobre s'épanouissait en des mélancolies joyeuses encore, ayant toute la poésie des déclins : roses trémières n'élevant plus qu'une dernière fleur au sommet de leur tige, chrysanthèmes sauvages s'échevelant à peine sur leurs feuillages sombres, églantines obstinées semblant des étoiles n'ayant plus que quelques rayons, dahlias simples aux quatre pétales de pourpre ou de safran, clématites s'effilochant déjà en houppes blanches comme des flocons de neige, dernières joies des parterres que reliaient entre elles de longs fils de Vierge les enveloppant d'aériens tissus, cependant que les papillons aux ailes alanguies se traînaient sur le sable et que les bourdons au corsage d'or et de velours s'assoupissaient au cœur dépouillé des roses.

Et l'automne n'était pas seulement dans l'air, mais partout, en ce paysage abandonné : le vieux castel lui-même, avec sa tour démantelée, ses toits aux briques se chevauchant comme des moutons affolés par l'orage, ses volets pendant à peine aux croisées dont s'effritaient les ogives, ses hautes murailles où couraient des lierres et que la vigne vierge ensanglantait, ses mâchicoulis d'où s'égrenaient dans l'air de sonores chapelets de corneilles, et ses fossés comblés où courait le dos luisant des fouines, semblant à la fin non pas d'une seule année, mais d'un siècle tout entier, que d'autres siècles avaient précédé, éblouissants de gloire. La légende avait été illustre, en effet, au temps des croisades où deux Bois-Bussac, Gaspard et Timoléon, étaient morts pour la foi, sous l'étendard de saint Louis; tragique et grande encore pendant la guerre des Albigeois où Simon de Montfort prenait ses quartiers d'hiver; tout à fait galante à l'époque où Montmorency transformait Toulouse en la capitale d'un pays d'art et d'amour, ce que Toulouse est demeurée depuis. Puis, après un grand éclat encore quand Louis XIV nommait un Bois-Bussac son chambellan, l'émigration avait vidé la vieille demeure et, sous les rancunes paysannes, s'étaient mutilés les écussons où les chouettes avaient fait leur nid. De l'antique lignée d'où étaient sortis quelques héros et pas mal de coquins, le dernier survivant était le comte Bernard de Bois-Bussac qui habitait ces ruines, à peine restaurées par places, avec sa nièce, damoiselle Isabeau, vierge quadragénaire et romanesque, professant une sérieuse rancune à l'endroit de sainte Catherine que le Destin lui avait donnée pour seconde patronne, et aussi avec sa petite-nièce, l'exquise Madeleine, menacée, par le manque de fortune, des mêmes puretés involontaires, mais alors en l'épanouissement de ses seize ans, délicieuse en sa méridionale et savoureuse beauté, sous la nuit de sa chevelure sombre où couraient des reflets de lapis-lazuli, avec ses beaux yeux noirs où deux étoiles nichaient dans l'ombre, son beau type latin où la race était écrite, la majesté native, dans sa grâce, de ses démarches, et l'enjouement naturel qui entr'ouvrait sans cesse, sur un ruissellement de rosée, les pétales de ses lèvres : fleur de printemps parmi toutes ces fleurs d'automne, colombe accourue du ciel vers cette arche du passé qu'un déluge avait entraînée à la dérive.

Recueillie et calme à l'excès était l'existence de ces deux femmes, sous la garde de ce vieux qui n'avait abdiqué aucune des colères seigneuriales à l'endroit du siècle présent, farouche dans sa pauvreté et intolérant dans son culte familial, au point de ne pas fréquenter ceux que la gloire du nom faisait ses pairs, mais qui avaient pactisé avec la corruption contemporaine; figure encadrée de cheveux blancs qui ne manquait pas assurément de noblesse et même de quelque grandeur imbécile, mais furieusement triste pour tout ce qui l'entourait, arbre foudroyé qui défendait du soleil, sans leur verser la fraîcheur des ombres verdoyantes, les pauvres fleurettes déchirant la mousse à son pied rugueux. Car la vie eût été moins austère pour ces deux filles, plus recluses que les nonnes au fond des moutiers, si le comte Bernard de Bois-Bussac avait consenti à fréquenter les hobereaux du voisinage, chasseurs et viveurs, ayant des familles aimant le plaisir, donnant de savoureux dîners, des sauteries costumées et des comédies de salon, ayant organisé, en un mot, leur vie provinciale de façon à y mettre le plus d'agrément possible, demeurés bons royalistes, morbleu ! mais pas au point de souhaiter le retour des croisades, et vivant franchement à la moderne, à l'ombre de leurs blasons refleuris par quelques sournoises mésalliances. De ces faux seigneurs qui n'en avaient plus que le nom, le plus luxueux assurément était le vidame Guy de Montméliard, qui avait épousé une fort élégante Parisienne et donnait, en son château rajeuni de toutes les aises à la mode, des fêtes où les officiers des villes voisines venaient conduire le cotillon. Cet aimable gentilhomme avait tout fait au monde pour que M. de Bois-Bussac amenât ses nièces à ces divertissements. Mais rien n'avait été plus inutile que ces frais de courtoisie.

II

Or, par la matinée radieuse d'octobre que j'ai dite, bien qu'il fût à peine grand jour, le soleil ne glissant encore au-dessus de l'horizon qu'un petit bout d'épaule rouge, comme si la Nuit méchante l'eût marqué d'un fer au passage, bien que les oiseaux secouassent seulement encore leurs ailes mouillées parmi les branches que l'automne avait rouillées, et que les libellules ne fussent encore qu'un long fil rouge ou vert le long des grands roseaux penchés sur l'étang, mademoiselle Isabeau se promenait déjà dans le parc, un livre à la main où étaient contées de belles et chevaleresques histoires d'amour; mais les yeux, non pas sur ce livre, les yeux perdus dans le paysage avec une expression de langueur résignée, des yeux que le sommeil avait fuis aux premiers rayons d'aube glissés à travers les rideaux ineffablement blancs de son lit. Et elle marchait ainsi, comme à l'aventure, entre les bordures mouillées, faisant craquer le sable sous le poids vivant de sa personne rondelette, mélancolique en sa belle santé, fort agréable encore, ma foi, sous sa chevelure changeante d'un bleu sombre où des tons roux mettaient un fond d'or fauve aux quelques fils blancs qui commençaient à y courir. Et voici que, par une autre allée, également réveillée, et aussi un bouquin entre les doigts, mademoiselle Madeleine apparut, tout à fait jolie en sa matinale toilette de lin tachetée de petites fleurs roses, chaussée de mules peu neuves, mais qui révélaient l'aristocratique dessin de son pied mignon.

Très cordialement, avec une réelle tendresse même, les deux femmes s'embrassèrent et s'avouèrent, l'une à l'autre, qu'elles étaient descendues déjà depuis un moment, après une nuit commencée de bonne heure; car le comte Bernard de Bois-Bussac n'entendait pas qu'on allât au delà de neuf heures, tant par économie que parce qu'il ne savait plus que faire de sa propre personne quand il avait fini de digérer. Car tout était noble dans cet homme, même la paresse, qu'il avait tout à fait seigneuriale, n'ayant jamais consenti à faire quoi que ce soit de ses augustes mains. Et, mademoiselle Isabeau ayant demandé, par aventure, à sa nièce, quel livre charmait sa matinale promenade, celle-ci lui avait montré un volume dépareillé de Florian, tout à fait idyllique et rococo, mais auquel elle prenait un plaisir extrême justifié par l'insuffisance de la bibliothèque de monsieur le comte.

Et, tout doucement, s'étant assises à côté l'une de l'autre, sur un banc de pierre aux coins amortis par des lichens, fendu dans sa longueur, où de longs insectes rouges, tachés de noir, couraient, elles commençaient de deviser, bien vite entraînées, comme par un courant commun, vers la douceur du même rêve, celui du mari qu'elles eussent aimé, si aimer leur eût été permis à l'une et à l'autre. Et comme leur rencontre avait interrompu leur double méditation sans les en distraire tout à fait, leur entretien porta l'empreinte des dernières impressions recueillies par chacune d'elles — tel un air obstiné qui continue à vous chanter à l'oreille, alors même qu'on a fini de le jouer pour nous.

— Moi, ma tante, dit mademoiselle Madeleine, j'aurais aimé vivre au temps où les bergers, vêtus d'une peau de mouton très blanche et très douce, apportaient à leurs bergères de grandes gerbes de fleurs sauvages et des nids où frétillaient, le bec ouvert, de petits oiseaux. Il m'eût été doux d'entendre chanter mon nom en de rustiques couplets dont un joli air de flûte ferait la ritournelle. Mon Dieu, puisque tout est chimérique pour moi en de tels souhaits, je peux bien choisir la façon dont j'aurais voulu être adorée, et l'époque où le bel inconnu que je ne connaîtrai jamais m'aurait dit, tout tremblant, le feu dont il brûlait pour moi !

— Ah ! que je ne suis pas de votre goût, ma chère nièce ! répondit damoiselle Isabeau d'un ton plus gaillard. Mon Dieu, moi aussi, et plus que vous, qui ne savez pas ce que vous garde l'avenir, je peux bien laisser mon imagination se complaire au milieu qui m'eût plu davantage pour être heureuse et faire un heureux. Je ne remonterais pas si loin que vous dans les mythologies. Il est tout à fait fade, votre petit berger, avec sa descente de lit sur le dos et son ridicule chalumeau entre les doigts. Franchement, pour être enlevée par un galant homme qui se fût empressé de m'épouser, je préférerais de beaucoup un mousquetaire portant un chapeau empanaché, une superbe rapière au côté, botté et ganté comme pour la parade, ineffablement respectueux d'ailleurs avec moi, malgré son air vainqueur naturel, un héros enfin, ayant l'âme douce d'une femme dans l'enveloppe d'un lion. Oh! un militaire comme celui-là, voilà celui dont j'aurais porté fièrement le nom et gardé l'honneur!

Et, dans son enthousiasme, damoiselle Isabeau se leva, fauchant l'air d'une imaginaire cravache, campant sur son oreille son propre chapeau de paille, belliqueuse et enthousiasmée. Mademoiselle Madeleine la suivit et toutes les deux descendirent l'allée qui menait à la petite porte du parc, continuant à discuter sur le même sujet, sans se céder d'ailleurs, l'une à l'autre, un seul pouce de terrain. Pendant ce temps, le jour avait grandi, les libellules ouvraient, au-dessus de l'étang, leurs ailes de vitre sonore, les oiseaux avaient commencé de se poursuivre dans les feuillages rouillés et l'invisible fileuse des fils de la Vierge s'était blottie sous les brins d'herbe saupoudrés d'un imperceptible grésil qui maintenant étincelait au soleil comme une poussière de diamant.

Elles atteignaient une poterne en mauvais état, aux planches déchiquetées, qui faisait, de ce côté, la clôture de la propriété, quand elles entendirent distinctement des coups répétés qui y étaient frappés de l'autre, si violents qu'ils menaçaient de rompre le mauvais huis, en même temps que des voix suppliaient au dehors, là où serpentait la route déjà poudreuse, sous les platanes brûlés. Mademoiselle Madeleine eut fort envie de s'enfuir. Mais l'âme virginale de damoiselle Isabeau était héroïque en diable et, avant que la jeune fille ait pu la retenir, elle avait tiré le loquet de fer qui avait horriblement grincé. Or les deux femmes faillirent tomber à la renverse de surprise en se trouvant vis-à-vis d'un mousquetaire et d'un berger, absolument comme mademoiselle Isabeau avait rêvé celui-ci, et celui-là costumé comme l'avait souhaité mademoiselle Madeleine. Toutes les deux se signèrent, se demandant si le diable ne leur jouait pas quelque méchant tour, à moins que Dieu n'eût pris enfin leur solitude en pitié!

III

Elles demeuraient donc véhémentement interdites et muettes quand le mousquetaire, un fort joli garçon, ma foi, qui portait à ravir le grand chapeau empanaché et la rapière, jeune avec sa petite moustache fine et dorée, bien pris dans son galant habit de velours, se découvrit et s'inclina respectueusement, cependant que son compagnon, infiniment moins séduisant, visiblement obèse sous sa peau de mouton, ayant le crâne — probablement nu au naturel — notoirement coiffé d'une perruque blonde artificiellement frisée, l'air cruellement bourgeois dans son bucolique accoutrement, exécutait, avec moins de grâce, une pantomime analogue. Au fait, j'aime autant vous présenter de suite le capitaine Gontrand de Hautguibert, du 5e dragons, en garnison à Carcassonne, et maître Guilledou, avoué à Castelnaudary, lesquels se montraient, de compagnie, en ces habits d'un autre temps.

Tout de suite, ils commencèrent leur histoire, et, tandis que damoiselle Isabeau et mademoiselle Madeleine, graduellement désenchantées par le récit de ces deux voyageurs, tombaient des hauteurs de leur rêve, comme des oiseaux blessés, je me ferai leur interprète en vous contant, à vous aussi, comment ils se trouvaient là et par quelle aventure incroyable vraiment. Il y avait eu, cette nuit-là, au château de Montméliard, une façon de bal costumé servant déjà de prélude à ceux du prochain hiver. Or ces deux messieurs faisaient partie des invités de la jolie madame de Montméliard. Tous les deux étaient venus accompagnant, en carrosse, madame et mademoiselle de Hautmesnil, de Toulouse, le beau capitaine Gontrand de Hautguibert étant le fiancé de celle-ci et l'avoué Guilledou le conseiller de la famille. Pas belle, mais très prétentieuse, madame de Hautmesnil; pas belle non plus, ce qui était moins excusable à son âge, mademoiselle de Hautmesnil, mais riche, habillées, — la maman en Marie de Médicis, ce qui lui donnait l'air, avec les oreilles en pointe de sa coiffure et la collerette haute dont elle était engoncée, d'un gros carlin, — et la demoiselle en Marguerite de *Faust* après le don des bijoux, si bien qu'elle eût plus volontiers intéressé un orfèvre qu'un amoureux.

Or, après le cotillon, que M. de Hautguibert avait conduit avec une science consommée, on s'était remis en chemin, toujours dans le même carrosse, et le cocher, qui avait vraisemblablement puisé à l'excès dans la desserte des vins, venait de briser une roue de la voiture dans une ornière, à un demi-kilomètre du château de Bois-Bussac, si bien qu'on ne pouvait aller plus loin et que Marie de Médicis et Marguerite de *Faust*, légèrement fripées et moulues, avaient envoyé leurs compagnons à la recherche de quelque asile où l'on pût attendre pendant qu'on enverrait chercher un charron au village le plus voisin. C'est dans cette recherche que le capitaine et l'officier ministériel avaient frappé à la poterne aux planches vermoulues et dont le loquet avait grincé si fort.

Il y avait bien loin de cette banale aventure à ce resplendissant miracle un instant entrevu par damoiselle Isabeau et mademoiselle Madeleine quand, à chacune et comme par enchantement, était apparu l'amoureux de son rêve, celui-ci une rapière au jarret, celui-là une toison sur l'épaule! Ah! comme la vie désenchante cruellement nos rapides joies et que ceux-là sont inguérissables qui croient encore aux complicités charmantes de la Providence ou du Destin! « Entrez, messieurs, dit damoiselle Isabeau en une politesse résignée. Nous-mêmes allons chercher ces dames. »

Et, quelques instants après, Marie de Médicis, qui soufflait comme une otarie, et Marguerite de *Faust*, son ridicule à la main, dans la salle haute et démodée, en des fauteuils bien près d'être culs-de-jatte, inégaux et branlants, tendaient leurs pieds mouillés de rosée à la flambée de brindilles que, de ses mains blanches et délicieusement ourlées d'ongles en corail pâle, mademoiselle Madeleine avait allumée, cependant que damoiselle Isabeau, habile comme Yseult elle-même à la fabrication des philtres, préparait un cordial pour Marie de Médicis à qui le cœur manquait, ou qui, du moins, s'en apercevait pour la première fois.

IV

Non, jamais on n'a rien connu, même dans notre diplomatie, justement renommée pour sa franchise toute militaire, rien, dis-je, de plus impénétrable que le Destin en ses ingénieux projets.

Pendant que Marie de Médicis buvait le cordial avec de petites grimaces tout à fait risibles, et que Marguerite rattachait, en maugréant, son ridicule après sa ceinture monstrueusement adornée de gemmes, le mousquetaire, caressant d'un doigt distrait, coquet peut-être aussi, sa petite moustache frisée et dorée, contemplait, dans une façon de ravissement où se réveillaient toutes les clartés loyales de son âme illuminant soudain son regard, mademoiselle Madeleine plus délicieusement jolie que jamais avec les roses dont ce court émoi avait fouetté ses joues, avec le désordre que cette promenade sous la brise avait mis dans ses cheveux sombres et encore emperlés de brume matinale, avec la moquerie imperceptible que mettait, à ses belles lèvres entr'ouvertes par un sourire, la vue de la reine de France et de l'héroïne de Gœthe. Ah! les deux mâtines, ce qu'elles étaient vilaines à côté de ce miracle de beauté! L'officier fit, malgré lui, une comparaison tout à fait désagréable pour mademoiselle de Hautmesnil. Et les brindilles brûlaient rapides, s'éteignant dans l'âtre, pendant qu'elles semblaient se rallumer dans son propre cœur en un véritable incendie où les beaux yeux de mademoiselle Madeleine passaient comme des étincelles, où sa belle chevelure noire s'envolait comme une lourde fumée. Il se sentait déjà prisonnier de cette vision charmante. Pas le sou dans la maison! Eh bien, après? Il avait quelque fortune et un beau nom, lui aussi. Il avait bien le droit d'aimer suivant son cœur! C'était cette canaille d'avoué Guilledou qui l'avait embarqué dans cette affaire d'hyménée avec mademoiselle de Hautmesnil! Maintenant il avait honte de soi-même. Et des hosannas lui chantaient dans l'âme pour cette belle jeune fille, immaculée comme un lis et éclatante de grâce comme une rose. Où donc était le grand-oncle de cette incomparable personne, qu'il lui demandât, sans attendre un instant de plus, sa main !

Pendant ce temps, le faux berger méditait à son tour. Ça l'embêtait beaucoup de s'appeler Guilledou et d'être un marchand de grosses. Une alliance avec de la noblesse de vieille race, ses influences qui lui permettraient d'ajouter un jour, sur la tête de sa progéniture, le nom illustre de sa femme au sien, ce vocable armorié à sa propre roture, l'envie de donner une leçon aux Hautmesnil, qui le traitaient familièrement comme un simple robin, le goût exquis du cordial de damoiselle Isabeau, où il avait trempé ses lèvres après Marie de Médicis, tout cela lui donnait une idée fantasque peut-être, invraisemblable chez un homme qui avait toujours adoré l'argent, mais qui justement n'avait plus à y penser maintenant, l'idée abracadabrante de devenir le mari de damoiselle Isabeau de Bois-Bussac.

Quand le charron eut raccommodé la roue du carrosse, ils avaient été vite en besogne, le militaire et l'avoué. Ils reconduisirent Marie de Médicis et Marguerite de *Faust* à Toulouse. Mais ils revinrent, le soir même, à Bois-Bussac. Le comte se mit dans une colère épouvantable quand Guilledou lui demanda la main de sa nièce. Mais damoiselle Isabeau lui fit observer qu'elle était majeure depuis vingt-cinq ans, et libre de se choisir un époux à son gré. En revanche, la demande du capitaine relativement à sa petite-nièce flatta infiniment le gentilhomme.

Aujourd'hui c'est fait. Madeleine est madame de Hautguibert, et damoiselle Isabeau est madame Le Guilledou de Bois-Bussac. Car l'intrigant avoué a tout obtenu du garde des sceaux. Les deux ménages sont également heureux, mais non de la même façon ; entre nous, je vous souhaite celle du ménage de Hautguibert.

Hier, madame Le Guilledou de Bois-Bussac, qui a pris plus de littérature encore, disait à Madeleine :

— Il faut avouer que le Destin est singulièrement contrariant !

— Eh quoi ! ma tante, répondit celle-ci, avons-nous donc à nous plaindre de lui ?

— Non, mon enfant ; mais enfin, vois comme c'est bizarre. Tu voulais un berger, et tu as un mousquetaire ! Je voulais un mousquetaire, et j'ai un berger.

Moi, je trouve que le Destin fit admirablement les choses.

FLEURS D'EAU

FLEURS D'EAU

A Théodore Rivière.

La petite rivière traversait le parc tout entier, miraculeusement artificielle et charmante, œuvre d'un petit-fils de Le Nôtre habile à ménager des points de vue dans la savante ordonnance des frondaisons majestueuses, et, comme les portiques d'un temple, ouvrant des horizons sur le ciel. Captées à une source prochaine, ses eaux très claires descendaient d'une fausse rocaille, en longs pleurs d'argent où les bergeronnettes aux longues queues venaient boire ; puis, sans jamais changer de profondeur, sur un lit de ciment dissimulé par de l'argile et du sable, elles couraient, sans se hâter, égratignées çà et là par quelques feuillages éplorés, d'un cours à peine sensible où les images de la rive n'étaient que très vaguement vibrantes. Au milieu seulement, sinueux, entre deux rideaux faits du reflet des grands arbres, un ruban de ciel, moiré d'ordinaire par de petites nuées, semblait flotter, cependant que de grands iris jaunes et de hauts joncs, engainés de velours à la cime, s'élevaient sur chaque rive, perchoirs monstrueux d'un essaim de libellules qui s'en envolaient au moindre souffle, mettant, dans l'air battu de leurs ailes transparentes, comme un frôlement de vitre qu'on effleure. Mais, aux jours caniculaires surtout, qui en épanouissaient, à la fois, la fleur et les larges feuilles, le plus admirable ornement de la petite rivière était une véritable jonchée de nénuphars qui lui faisait comme un manteau de fraîcheur. On eût dit, au soleil, les boucliers d'émeraude serrés, les uns contre les autres, d'une armée de myrmidons sous-marins, et pressés eux-mêmes, sous leur armure, comme les phalanges macédoniennes. Et, çà et là, des lances en traversaient l'épaisseur, s'ouvrant en corolles d'argent aux pétales rythmiques et pointus, comme si des rayons de lune creusaient des blessures à la surface de l'eau. Cette large frondaison aquatique, soutenue par des tiges molles et flexibles, s'ébranlait, dans toute sa longueur, quand le zéphyr y aiguisait ses flèches. Dans ses déchirures, la fuite des perches effarouchées mettait des frissons d'écailles aux rayures presque bleues. Rien de mystérieux, surtout à l'heure du couchant, comme ce minuscule fleuve que les nymphes légères eussent pu traverser, rien qu'en posant leurs pieds blancs sur les larges feuilles imperméables et flottantes.

Quand notre cousin de Toulouse, Bergace Pouyadou, vint nous voir, à son premier voyage à Paris, dans la propriété de tante Guillemette, où passait la petite rivière, bien des choses lui furent une surprise et un enchantement, mais surtout cette belle eau vêtue de feuillage, si différente de nos gaves ariégeois, qui ne roulent que des cailloux, en une course toujours furibonde. Très imbu de latinité, comme tous les gens bien élevés de ce temps-là, il nous cita bien vite les vers virgiliens convenant à ce paysage, à mademoiselle Bernade et à moi, de même origine que lui, mais ayant, depuis longtemps déjà, déserté l'ombre riante du Capitole. Je vous ai déjà dit combien j'étais amoureux, en mes vingt ans, de cette Bernade qui en avait quinze à peine, et comme sa belle chevelure était noire, et quelles gouttes de rosée perlaient au calice de ses lèvres roses, comment ses doigts fuselés s'effilaient en frisson d'ivoire, et quels longs cils frangeaient ses yeux jaspés et profonds. Le portrait de notre commun cousin Bergaco Pouyadou eût moins tenté le pinceau gracieux de Chaplin. C'était un homme long et sec, ayant cette particularité d'avoir la tête en longue poire, autrefois beaucoup plus commune encore qu'aujourd'hui, à Toulouse, par l'habitude qu'avaient les nourrices d'envelopper de bandelettes le crâne des enfants jusqu'à ce qu'il donnât une vague impression de pain de sucre et de beurré. Parfaitement imberbe, le visage de notre parent était ainsi tout en longueur et dominé, au-dessus de l'arcade sourcilière, d'une proéminence violemment fuyante vers l'occiput. Que cela lui constituât une beauté parfaite, c'était affaire de goût et d'habitude ; mais Bernade et moi ne pouvions nous empêcher de rire en le regardant. Et je m'en veux encore, car c'était bien le plus brave homme qui fût au monde, terriblement Gascon, mais assez généreux pour avoir mangé tout son bien et ne nous rien laisser. Ce n'est donc pas par intérêt que je le pleure.

Donc, le bonhomme s'extasia devant l'aquatique spectacle de ces beaux nénuphars épanouis qui nous regardaient avec des yeux froids, des yeux à la prunelle d'or, petite dans un blanc très large et laiteux. Si nous avions été plus observateurs, nous aurions deviné qu'un rêve le hantait devant cette fraîcheur mystérieuse des eaux peu profondes. Son front fuyant se craquelait, à l'idée qu'il enfermait comme une faïence sur un feu excessif, et ses petits yeux bleus clignotaient comme des gouttes de pluie pendues à une branche hibernale. Mais Bernade et moi, moi surtout, que le bras de Bernade, négligemment posé sur le mien, secouait d'un tremblement de bien-être et de délicieuse angoisse, tout en retrouvant depuis, dans notre souvenir, l'impression de cette grimace, nous n'y fîmes, au moment même, qu'une médiocre attention. Quant à son idée et au rêve qui le hantait, l'indiscrétion d'un domestique ne me l'apprit que longtemps après, mais je ne vous les cacherai pas davantage pour cela. Notre cousin Bergace Pouyadou, qui avait, dans l'âme, autant de poésie que de pudeur, avait conçu le plan de venir prendre, seul, un bain dans ces eaux charmantes, quand tout le monde serait couché à la maison. Et ce plan, hygiénique autant que voluptueux, il l'accomplit fort heureusement d'abord, le témoin qui m'a tout révélé l'ayant vu distinctement traverser la saulaie, à l'endroit le moins épais, enjamber de ses longues quilles les iris jaunes et les joncs gainés de velours, pour descendre tout nu dans la petite rivière où des sillons d'argent dessinèrent chacune de ses brassées entre les îles et les presqu'îles de nénuphars. Et la lune, qui se levait entre les branches, mettait des baisers de lumière blanche à ses épaules pointues et à son crâne saillant émergeant, seuls, des fraîcheurs incomparables de cette eau caressante. Ah! pourquoi Bernade, et moi, poètes aussi, mais poètes d'un autre rêve, vînmes-nous troubler cette sérénité d'un Triton d'eau douce, deux fois respectable par son innocence et par notre parenté!

Depuis combien de temps faisait-il sa petite Suzanne ou sa moderne Betsabée, au choix de vos souvenirs, quand nous aussi descendîmes vers la petite rivière, croyant, comme lui, la maison tout entière endormie, et pour l'aveu que je ne voulais faire à ma jeune bien-aimée que dans un décor digne de nos amours avec la nuit pour céleste témoin de mes serments, et le vol de feu des étoiles au-dessus de nos têtes enivrées? Nous n'en savons rien. Mais le craquement de nos pas sur le sable de l'allée qui bordait la jolie rivière le mit dans une perplexité épouvantable. C'était un homme vertueux et décent qui, pour l'empire de Carcassonne où régnait alors Grignol Ier, ne se fût pas montré tout nu même à d'arrière-petits-cousins. Que faire cependant? Sortir vivement de l'eau et gagner l'autre rive? Il était trop tard. Plonger jusqu'à ce que nous fussions passés? C'était l'asphyxie et, de plus, inutile, puisque l'eau était miraculeusement transparente. C'est alors qu'une nouvelle idée brûlante lui craquela, sans doute encore, le front. Le plus large des îlots de nénuphars était devant lui, flottant sur place, retenu au sol par ses tiges molles et flexibles, élastiques et s'allongeant ou se raccourcissant suivant le niveau de l'eau. C'était comme un manteau de verdure, une chemise imperméable qui se tendait à son angoisse et sous lesquels il n'hésita pas à se glisser, à quatre pattes, sur le fond qui s'arrondissait en cuvette, sa tête dépassant seulement les larges feuilles pour qu'il pût librement respirer. Qu'importun fut le rayon de lune venant juste s'épanouir sur ce point de la nautique frondaison! La tête piriforme de notre parent en fut caressée, dans tout son relief, sans être cependant reconnaissable.

— Tiens! une pastèque comme dans notre pays! s'écria joyeusement Bernade en battant des mains.

— En effet, une pastèque! repris-je sur le même ton. En veux-tu manger?

Elle eut un petit claquement de langue gourmande qui me fit passer un frisson entre les épaules. J'avais déjà les deux pieds dans l'eau pour courir au fruit précieux, quand celui-ci s'agita avec un claquement parallèle de mâchoires. Et, en même temps, la grande traînée de nénuphars sur laquelle il semblait posé se mit à onduler furieusement en des sinuosités vivantes pleines de soubresauts.

— C'est un crocodile ! s'écria Bernade, à moitié morte. Ah ! malheureux !...

Mais, déjà, brave comme Amadis des Gaules, je la tenais dans mes bras et je l'emportais plus morte que vive, ayant moi-même, au cœur, les palpitations d'une indicible venette. Un instant après, nous étions rentrés à la maison, dont nous avions fermé les verrous avec tant de soin, que le pauvre cousin Bergace ne put vraisemblablement pas effectuer sa propre rentrée.

Le lendemain, au déjeuner, Bernade, avouant héroïquement la faute d'être descendue à la rivière, mais sans ajouter que je l'y accompagnais, conta bravement la chose... « Un crocodile ! » s'écria ma tante Guillemette. On cria à l'impossible ! mais un vieux médecin qui avait beaucoup voyagé affirma que le crocodile était susceptible de génération spontanée. Alors on prit la chose au sérieux. Et le cousin Bergace Pouyadou, qui, seul, avait grand intérêt à sembler croire à cette fable, passa les deux dernières journées et les deux dernières nuits de sa visite, botté jusqu'aux hanches, un fusil sur le bras, à guetter l'amphibie menteur dont l'invention le sauvait du ridicule.

FIN

TABLE DES MATIÈRES

Émile Colin — Imprimerie de Lagny

www.ingramcontent.com/pod-product-compliance
Lightning Source LLC
LaVergne TN
LVHW011948220826
846092LV00001B/119

* 9 7 8 2 0 1 9 6 9 6 3 1 3 *